Regina Hillmann

Fußball einmal anders gesehen

Wie erleben Blinde Fußball?

D1730568

Bibliografische Informationen der Deutschen Bibliothek:
Die Deutsche Bibliothek verzeichnet diese Publikation in
der Deutschen Nationalbibliografie; detaillierte Dateien sind
im Internet über http://dnb.ddb.de abrufbar.

Impressum:
© 2013 Verlag Kern
© Inhaltliche Rechte bei Regina Hillmann (Autorin)
© Titelfoto: Herbert Bucco, www.ligafoto.de
Lektorat: Manfred Enderle
Umschlagdesign und Satz:
Brigitte Winkler – www.winkler-layout.de
ISBN 9783944224-770
ISBN E-Book: 9783944224-886
www.verlag-kern.de

Regina Hillmann

Fußball einmal anders gesehen

Wie erleben Blinde Fußball?

Danksagung

Mit diesem Buch möchten wir allen danken, die uns in unterschiedlichster Weise unterstützt haben und bis heute unterstützen: Trainern, Spielern und Funktionären für Rat und Tat, Freunden und Bekannten für die Begleitung vor allem zu den Spielen und den Reportern für den Einsatz an den Blindenplätzen.

Wir haben schon früh lernen müssen, dass der Fußball sehr schnelllebig und dass Zeit ein knappes Gut ist. Deshalb danken wir jedem für die Zeit, die er sich genommen hat, um sich für uns persönlich und/oder den Fanclub einzusetzen.

Dieses Buch haben wir geschrieben, um zu zeigen, was durch unsere Arbeit, aber vor allem durch den Einsatz jedes Einzelnen möglich gemacht worden ist.

Das Foto zeigt Nina Schweppe 2. v. links und Regina Hillmann, 3. v. links mit dem Bundespräsidenten a.D. Horst Köhler und seiner Gattin

Die Arbeit der Sehhunde wurde am 04.10.2006 mit der Verleihung des Bundesverdienstkreuzes am Bande gekrönt. Die große Bedeutung dieser Auszeichnung wurde dadurch unterstrichen, dass die Vorsitzenden Regina Hillmann und Nina Schweppe sie aus der Hand von Bundespräsident Horst Köhler persönlich entgegennehmen durften.

Begleitwort zum Buch des Fanclubs Sehhunde e.V.
von Bundespräsident a.D. Horst Köhler

Die wohl berühmtesten Worte der deutschen Fußballgeschichte wurden nicht im Fernsehen, sondern im Radio gesprochen: *„Aus dem Hintergrund müsste Rahn schießen – Rahn schießt – Tooooor! Tooooor! Tooooor! Tooooor!"*. Herbert Zimmermanns Radio-Reportage über das Endspiel der Fußballweltmeisterschaft 1954 hat die Vorstellung des Wunders von Bern für Generationen geprägt: Unser „Bild" der WM '54 ist vor allem ein Ton. Fußball kann man also auch hören, und das macht ihn nicht weniger spannend. Und für blinde und sehbehinderte Menschen ist die gesprochene Live-Reportage sogar meist der einzige Weg, das Spielgeschehen möglichst detailliert mitzubekommen. Deshalb ist die Idee des Fanclubs Sehhunde ein großartiger Beitrag für mehr Teilhabe behinderter Menschen gerade auch im sportlichen Bereich.

Noch gut kann ich mich an die Verleihung des Bundesverdienstkreuzes 2006 an zwei engagierte junge Damen erinnern. Schon damals war ich beeindruckt, was Regina Hillmann und Nina Schweppe für blinde Fußballfans auf die Beine gestellt hatten. Jetzt, sieben Jahre später, wird schon in über 30 Stadien ein Reportage-Service für blinde und sehbehinderte Fans angeboten. Die Beharrlichkeit der beiden Frauen hat sich ausgezahlt. Und dank dieses Buches kann nun jeder die faszinierende Aufstiegsgeschichte der Sehhunde nachlesen.

Das Buch gibt einen Einblick in die Lebenswelt blinder Menschen und die Barrieren, mit denen Menschen mit

Behinderungen konfrontiert sind, im Fußball und in der Gesellschaft. Aber es ist eben vor allem das Dokument zweier großer Fußballfans, die diese Barrieren beharrlich zu überwinden suchten, mit viel Ausdauer, Leidenschaft und einer gehörigen Portion Gewitztheit. Dass es bei der Fußball-Weltmeisterschaft 2006 spezielle Plätze für blinde Stadionbesucher gab, das ist wohl vor allem Menschen wie Frau Hillmann und Frau Schweppe und den Sehhunden zu verdanken. Die vielen Anekdoten über zahlreiche Begegnungen mit den Größen der deutschen Fußballwelt, die in diesem Buch erzählt werden, sind reich an Situationskomik und lassen die Herzen eines jeden Fußballfans höher schlagen.

Ich wünsche diesem Buch eine möglichst breite Leserschaft sehender und blinder Leser, und allen Sehhunden weiterhin viel Leidenschaft und Ausdauer für den Fußball.

Bundespräsident a.D. Horst Köhler

1.

„Leverkusen hat Anstoß mit Ballack und mit Kießling in der Mitte. Und da ist das Spiel freigegeben. Leverkusen spielt zunächst mal hintenrum in die Innenverteidigung über Ömer Toprak und Friedrich."

Zehn Zuschauer sitzen mit Kopfhörern ausgestattet erwartungsvoll in Reihe 10 Block H2 in der BayArena in Leverkusen. Neben ihnen sitzt ein junger Mann, der ununterbrochen in ein Mikrofon spricht. Es ist Mittwoch, der 23. November 2011, und auf dem Spielfeld läuft das Champions-League-Spiel zwischen Bayer 04 Leverkusen und dem FC Chelsea. Wahrscheinlich fragen Sie sich, lieber Leser, wie viele andere Besucher im Stadion auch: Was bedeutet das? Was machen die da?

Die BayArena ist eines von mehr als 30 Stadien in Deutschland, in denen ein spezieller Service für blinde und sehbehinderte Besucher angeboten wird. Mittels Kopfhörern erhalten die Nutzer eine speziell auf ihre Bedürfnisse abgestimmte Reportage. Es stehen in den unterschiedlichen Stadien zwischen 5 und 30 Plätze zur Verfügung. Die Übertragung erfolgt meist über Funk. Der Reporter spricht in ein mit einem Sender verbundenes Mikrofon, während die Kopfhörer jeweils mit einem Empfänger verbunden sind. In einigen Stadien, so auch in der BayArena, erfolgt die Übertragung über eine fest installierte Anlage, bei der das Mikrofon an ein Mischpult angeschlossen ist und sich an jedem Platz eine Kopfhörerbuchse befindet. Die Kopfhörer sind natürlich so beschaffen, dass der Zuhörer einerseits den Reporter, andererseits auch die Stadionatmosphäre hören kann. Ein Stadionbesuch ohne die dazugehörige Atmosphäre ist kein echtes Stadionerlebnis.

Die Reportage wird von einem oder zwei sich abwechselnden Reportern gesprochen. Sie üben dabei eine Art Dolmetscherfunktion aus, in dem sie das Gesehene in Worte übersetzen. Sie dürfen sich eine spezielle Spielreportage für blinde und sehbehinderte Stadionbesucher aber nicht wie einen Spielkommentar im Fernsehen vorstellen. Ähnlicher ist eine Blindenreportage da noch einer 90-minütigen Spielübertragung im Rundfunk. Allerdings gibt es auch hier gravierende Unterschiede. Aus diesem Grund sind die Blindenreporter speziell auf ihre Aufgabe vorbereitet.

Ein Blindenreporter hält sich mit seiner Spielbeschreibung in erster Linie an das Geschehen auf dem Spielfeld. Er ist stets auf Ballhöhe, schildert jeden Ballkontakt. Dabei ist sowohl der Name des Spielers als auch der Ort des Geschehens wichtig. Ein Rundfunkreporter streut Randgeschichten und Anekdoten in seine Reportage ein, wenn er der Meinung ist, dass das Spielgeschehen nicht berichtenswert ist. Ein Blindenreporter bleibt immer am Ball, weil er „übersetzt". Ein Simultandolmetscher übersetzt auch alles, was gesagt wird und entscheidet nicht, was er persönlich für wichtig erachtet und was nicht. Ein Blindenreporter schildert ein Ballgeschiebe an der Mittellinie genauso wie eine spannende Szene im Strafraum.

Nur während Spielunterbrechungen hat der Reporter Zeit, verbal das Spielfeld zu verlassen und Hintergrundinformationen und die eine oder andere Geschichte zu erzählen. Wichtig ist natürlich, dass er zuvor gesagt hat, dass das Spiel unterbrochen ist. Die Zuhörer haben sonst das Gefühl, eventuell auf dem Feld etwas zu verpassen. Wenn ein Reporter das Spielgeschehen verlässt, ist es für den blinden Stadionbesucher so, als würde man einem Sehenden die Augen zuhalten. Er ahnt, dass etwas im Spiel passiert, hört möglicherweise Reaktionen des Publikums, weiß aber nicht, was gerade geschieht.

Neben der Beschreibung jedes Spielzuges enthält eine Spezialreportage auch weitere wichtige Informationen zur Partie wie Spielerwechsel und damit verbundene taktische Veränderungen. Auch Zwischenergebnisse von anderen Plätzen, die auf den Videowänden angezeigt werden, finden zeitnah Erwähnung.

Nach dem Abpfiff ist der Nutzer der Blindenreportage mindestens genauso gut über das Spiel informiert wie die sehenden Zuschauer. Er ist in der Lage, mit anderen Fußballfans über das Gesehene zu diskutieren, ohne dass ihm Details fehlen.

2.

Alles begann an einem Abend im März 1990. Wir, das sind Nina und ich, trafen uns im Töpferraum des Blindenjugendheims in Hamburg. Wir wohnten dort nicht, weil unsere Eltern uns nicht mehr haben wollten, sondern weil eine wohnortnahe integrative Beschulung zu diesem Zeitpunkt noch die absolute Ausnahme war. Die Tatsache, dass wir dort lebten, erwies sich in vielerlei Hinsicht als Glücksfall für uns.

Nina ist von Geburt an blind und besuchte die Höhere Handelsschule am heutigen Bildungszentrum für Blinde und Sehbehinderte. Ich habe einen kleinen Sehrest von ca. 3 %. Das bedeutet, dass ich, vereinfacht gesagt, Umrisse sehen und mit entsprechenden Hilfsmitteln auch Gedrucktes lesen kann. Zu dieser Zeit besuchte ich das Heinrich-Hertz-Gymnasium, eine Schule, die sich der Integration blinder und sehbehinderter Schüler verschrieben hatte.

An jenem folgenschweren Abend trafen wir uns nun also beim Töpfern und stellten fest, dass wir beide das gleiche Steckenpferd haben: Fußball.

Nina berichtete noch ganz aufgeregt von einem Interview, welches sie wenige Tage zuvor gemeinsam mit einer Freundin mit Christoph Daum, dem damaligen Trainer des 1. FC Köln geführt hatte. Die Idee zu diesem Interview war den beiden Köln-Fans einige Monate zuvor gekommen. Es handelte sich aber eher um eine Art Schnapsidee, eine Anfrage für ein Interview an den Verein zu schicken. Die

Überraschung war groß, als ein Termin für Anfang März angeboten wurde. Die beiden Freundinnen hatten nicht damit gerechnet, dass sie als reine Hobby-Journalisten überhaupt eine Antwort erhalten würden.

Der entscheidende Brief traf einige Wochen vor dem Termin ein. Herr Daum lud die beiden ein, sich am Abend vor dem Rheinderby in Leverkusen im Mannschaftshotel einzufinden. Dort könne dann vor dem Abendessen ein Interview von etwa 30 Minuten Länge stattfinden.

An dem bewussten Tag, Anfang März 1990, platzten die beiden nahezu vor Aufregung. Da sie beide noch Schüler waren, brauchten sie von ihren Lehrern die Erlaubnis, früher den Unterricht verlassen zu dürfen. Diese wurde aufgrund des Briefes von Herrn Daum natürlich gern gegeben. Mittags ging es dann mit dem Zug Richtung Köln. Nina startete in Hamburg und ihre Freundin Iris sollte unterwegs zusteigen. Als der Zug in Osnabrück hielt, war keine Iris weit und breit zu sehen. Es ertönte schon wieder die Ansage zum Schließen der Türen, als sie angehetzt kam. Das Lunchpaket, das Iris' Mutter gepackt hatte, blieb unbeachtet, denn vor Aufregung konnten beide nichts essen. Natürlich kamen sie viel zu früh in Köln an. Um der Aufregung einigermaßen Herr zu werden, gingen sie zu Fuß über die Hohenzollernbrücke auf das Hotel zu.

Noch immer ein wenig zu früh, betraten sie das Hotel, wo sie an der Rezeption das Einladungsschreiben vorlegten. Der Hotelangestellte teilte mit, dass der Mannschaftsbus und somit auch Herr Daum noch nicht da seien. Die beiden dürften sich aber in die Lounge setzen und dort warten.

Sie zögerten, sich zu setzen, denn die Aufregung wurde nun beinahe übermächtig. Es ist wohl der Traum vieler Fans, den Spielern oder Verantwortlichen ihres Vereins einmal nahe sein zu dürfen. Aber die Tatsache, Christoph Daum, diesen interessanten Menschen, der seit seinem Amtsantritt polarisierte, endlich zu treffen, erschien ihnen nahezu unfassbar.

Schließlich setzten sie sich doch und warteten, während die Aufregung nahezu unerträglich wurde. Die Ankunft des Mannschaftsbusses ließ jetzt schon seit über einer Stunde auf sich warten. Im Laufe der Jahre sollten wir lernen, dass eine Verspätung von etwas über einer Stunde im Fußball noch gar nicht zählt. Die beiden hatten sich gerade entschlossen, enttäuscht zu gehen, als Christoph Daum durch die Drehtür das Hotel betrat.

„Ich bin ein wenig zu spät, bitte entschuldigt", sagte er höflich, während er den beiden seine Tasche vor die Füße fallen ließ. „Geht schon mal rein", sagte er, während er auf eine Tür wies „Ich komme dann gleich nach." Sprach´s, sammelte seine Sachen wieder auf und verschwand.

Die beiden fügten sich in das Unvermeidliche und Iris öffnete die Tür, um wie angewurzelt in der Öffnung stehen zu bleiben. Was war passiert? Die Scheinwerfer einer Fernsehkamera waren auf die beiden gerichtet. „Mach mal erst aus", sagte einer der Fernsehmitarbeiter zu seinem Kollegen, „damit die zwei erst mal entspannt hereinkommen können." Ihnen wurde erklärt, dass es sich um Aufnahmen für ein Sendeformat des WDR handele, dass aber Herr Daum derjenige sei, um den es in der Hauptsache ginge. Er habe den Termin lediglich zum Anlass genommen, um zu zeigen, wie vielfältig sein soziales Engagement sei.

Als sich die Tür des Raumes das nächste Mal öffnete, stellte sich heraus, dass es sich um die Räumlichkeit handelte, die die Mannschaft für ihr gemeinsames, im Trainingslager übliches, Abendessen nutzte. Zur großen Überraschung der beiden setzten sich Pierre Littbarski und Bodo Illgner nicht zur Mannschaft, sondern zu ihnen an den Tisch. Der Wunsch, dass auch Spieler bei dem Interview dabei sein sollten, war also auch noch erfüllt worden. Natürlich steigerte dies die Aufregung noch weiter. Die beiden Spieler schafften es mit sehr viel Einfühlungsvermögen, die Situation etwas zu beruhigen. Zwischen Fans und Prominenten gibt es häufig eine Distanz, die zunächst überwunden werden muss, um zu einem „normalen" zwischenmenschlichen Kontakt zu kommen. Besonders leicht fiel das dem jungen Bodo Illgner, der selbst noch Schüler war und dadurch diese Kluft leicht überwand. Das ging so weit, dass er sich anschickte, Iris ihre Mathehausaufgaben zu erklären, als Christoph Daum wieder erschien. Er bemühte sich, alle Fragen in aller Ausführlichkeit zu beantworten, was von den beiden Spielern ein ums andere Mal vereitelt wurde. Dadurch wurde die Situation aufgelockert und es entstand ein Gespräch in entspannter Atmosphäre.

Die Abschlussfrage jedoch stellte Herr Daum, als er wissen wollte, ob die beiden denn auch das Rheinderby gegen Leverkusen besuchen würden. Sie mussten dies verneinen, weil sie keine Karten hätten. Sie erhielten zum Abschied den Auftrag, sich am Spieltag telefonisch im Hotel zu melden und nach dem Trainer zu fragen. Zwar wisse er nicht, ob er noch Karten besorgen könne, versprach aber, es zu versuchen.

Der telefonische Kontakt kam am Spieltag tatsächlich zustande und es ergab sich, dass tatsächlich noch zwei Tickets zu haben waren. So bildete der Spielbesuch einen schönen Abschlusspunkt dieses ereignisreichen Wochenendes.

Erst Jahre später lernten wir zu schätzen was es bedeutet, einen Trainer am Spieltag ans Telefon und dann auch noch Tickets zu bekommen. Am Spieltag ist es eigentlich das höchste Gebot, dass sich Mannschaft und Trainer ausschließlich auf das Spiel und nicht auf derartige Nebenschauplätze konzentrieren.

3.

Nun zurück zu besagtem Abend im Töpferraum. Als lang-
jähriger Fußballfan träumte ich natürlich auch davon, einen
Spieler oder Trainer einmal persönlich zu treffen. Meine
Erfahrungen gingen jedoch nicht über kurze Begegnungen
beim Autogramme sammeln hinaus. Daher begeisterte mich
Ninas Bericht außerordentlich, und wir schmiedeten den
Plan, ein Experiment zu starten. Es war schon äußerst über-
raschend gewesen, als Hobby-Journalist beim 1. FC Köln
Christoph Daum interviewen zu können. Aber es würde uns
sicher nicht gelingen, einen Termin mit Jupp Heynckes,
dem damaligen Trainer des FC Bayern zu bekommen. Wir
wollten es aber genau wissen und schrieben nach München.
Das Unglaubliche geschah: Wir erhielten einen Brief von
Uli Hoeneß, in dem er uns einen Gesprächstermin mit Jupp
Heynckes am Vorabend des Spiels in Bremen Anfang Mai
anbot. Wir nahmen natürlich an.

Einige Wochen später fuhr ich also mit Nina und Iris zu
meinem ersten Interview. Obwohl ich Werder-Bremen-Fan
war und Heynckes deshalb nicht zu meinen großen Idolen
gehörte, war ich sehr aufgeregt. Als wir uns in Bremen am
Bahnhof trafen, ging es den anderen beiden trotz der Erfahrung aus ihrem ersten Interview nicht viel besser.

Als wir an der Hotelrezeption unsere Terminbestätigung
vorlegten, wurde uns zu unserem Erstaunen die Zimmer-
nummer von Herrn Heynckes gegeben und wir wurden aufgefordert, selbst dort anzurufen. Ein solches Verhalten ist

für ein First-Class-Hotel äußerst unprofessionell. Keiner von uns traute sich natürlich dort anzurufen bis Iris einfach die Nummer wählte und Nina den Hörer in die Hand drückte. Da Jupp Heynckes bereits nach zweimaligem Klingeln am Telefon war, blieb Nina wenig Zeit zum Überlegen. Sie brachte unser Anliegen vor, woraufhin Herr Heynckes mit der Begründung ablehnte, dass in einer halben Stunde das Abendessen mit der Mannschaft beginne. Nina wandte jedoch ein, dass wir eine Zusage für diese Uhrzeit hätten und extra für diesen Termin angereist wären. Jupp Heynckes gab schließlich nach und versprach, in die Lobby zu kommen. Wir brauchten nur noch wenige Minuten zu warten und konnten dann mit unseren Fragen beginnen.

Nachdem er uns trotz unserer Nervosität und Unerfahrenheit alles geduldig beantwortet hatte, wollte Herr Heynckes uns noch eine Freude machen. Da wir ja alle keine Bayernfans waren, kamen Fanartikel nicht in Frage. Stattdessen wurden uns Eintrittskarten für ein Spiel in München angeboten. Das fanden wir gar nicht schlecht, machten aber deutlich, dass für uns als Schüler die Anreise nach München kaum bezahlbar wäre. Daraufhin gab ein Wort das andere und schließlich lud uns Jupp Heynckes für ein Wochenende ein, inklusiv Flügen und Hotel. Nun mussten wir uns noch auf ein Spiel einigen, was etwas schwierig war, da Iris und Nina FC Köln- und ich Werder-Anhänger war. Wir einigten uns auf das Südderby gegen den VfB Stuttgart, welches als Nachbarschaftsduell eine gewisse Brisanz hat, für uns aber neutral war. Da es kurz vor Ende der laufenden Saison den Spielplan für die kommende Spielzeit noch nicht gab, wussten wir alle nicht, wann diese Partie stattfinden würde.

Auf unserem anschließenden Rückweg zum Bahnhof bekamen wir dann irgendwie doch ein etwas schlechtes Gewissen. Eigentlich hatte Jupp Heynckes uns Fanartikel schenken wollen, und nun war ein ganzes Wochenende in München dabei herausgekommen. Wir glaubten jedoch nicht, dass wir wirklich nach München fahren würden. Schließlich lag der Termin irgendwann in der nächsten Saison und bis dahin wäre die Einladung längst vergessen.

Umso größer war die Überraschung, als sich Ende Juli eine Mitarbeiterin des FC Bayern bei Iris meldete, um die Details für die Reise nach München abzusprechen. Die Spielansetzungen hatten ergeben, dass die Begegnung FC Bayern gegen den VfB Stuttgart bereits am 25. August stattfinden sollte. Es wurde vereinbart, dass wir am Samstagvormittag von Hamburg nach München fliegen, dann nachmittags das Spiel im Olympiastadion besuchen und abends mit Jupp Heynckes essen gehen sollten. Der Rückflug war für Sonntag geplant.

Insgesamt freuten wir uns riesig auf die Reise. Es war für uns als normale Fußballfans etwas ganz Besonderes, vom Trainer des FC Bayern eingeladen zu sein. Das geplante Abendessen bereitete uns jedoch schlaflose Nächte. Prominente zu interviewen war das eine, aber zusammen essen zu gehen, doch noch etwas anderes.

Bis zum 25. August steigerte sich die Aufregung immer weiter und einige meiner Klassenkameraden erzählen heute noch davon, dass ich kaum noch von etwas anderem sprechen konnte.

Dann ging es endlich los … Am Flughafen wurden wir von Stephan Roth, einem Mitarbeiter der Geschäftsstelle des FC Bayern abgeholt. Auf dem Weg zum Hotel erzählte er uns, dass er ein Freund von Herrn Heynckes sei und von ihm den Auftrag habe, sich während des Wochenendes um uns zu kümmern. Es handele sich um eine private Einladung, die unter uns bleiben solle.

Beim Betreten des Hotels wurde sofort deutlich, dass es hier einen Bezug zum Fußball gab. Die Wände zierten Fotos und Wimpel diverser Mannschaften, die hier schon übernachtet hatten. Dies beeindruckte uns natürlich sehr.

Nach einer kurzen Erfrischungspause fuhren wir mit Herrn Roth zum Olympiastadion. Da bis zum Spielbeginn noch reichlich Zeit war und die Greenkeeper 1990 noch großzügiger waren als heute, durften wir den Rasen betreten und uns auf die Trainerbänke setzen. Eine solche Chance ergibt sich nicht alle Tage.

Vor dem Spiel durften wir dann im VIP-Bereich Mittag essen. Auch dies war für uns völlig neu und daher sehr aufregend. Als wir uns dann aussuchen konnten, ob wir die Partie von der normalen Tribüne oder einer kleinen Vortribüne im Innenraum des Stadions aus verfolgen wollten, entschieden wir uns natürlich für den Innenraum. Dort waren wir viel näher am Geschehen als üblich und etwas Besonderes war es auch, da „normale" Zuschauer hier keinen Zutritt haben.

Nach dem Spiel fuhr Herr Roth mit uns zur Geschäftsstelle des FC Bayern, wo wir im Trophäenraum Fotos mit der Original-Meisterschale machen konnten. Obwohl wir zu dieser Zeit keine Sympathien für diesen Verein hatten, waren wir doch sehr beeindruckt von der großen Sammlung an bedeutenden Pokalen. Und das alles aus nächster Nähe!

Das „Schlimmste" stand uns aber ja noch bevor: Das Essengehen mit Herrn Heynckes und Frau. Uns gingen ja schon seit Wochen alle möglichen Dinge durch den Kopf. Wie verhält man sich richtig? Worüber unterhält man sich? Hoffentlich macht man nichts falsch! Wir hatten alle drei richtig Angst vor diesem Abend. Natürlich war dann alles ganz unkompliziert. Wir machten zum ersten Mal die Erfahrung, dass Prominente auch ganz normale Menschen sind. Diese Erkenntnis kommt natürlich leichter nach einem ganzen gemeinsamen Abend als nach einem Interview.

Am Sonntagvormittag wollte Herr Roth uns um 11:00 Uhr abholen und zum Flughafen bringen. Er rief jedoch im Hotel an und ließ uns ausrichten: „Ich komme etwas später." Dieser Satz sollte uns die nächsten 20 Jahre durch das Fußballgeschäft begleiten. Wir schafften es aber noch rechtzeitig zu unserem Flug. Zum Abschied bot uns Stephan Roth an, dass wir jederzeit auch ohne sehende Begleitperson zum Fußball nach München kommen könnten. Er würde sich im Umfeld des Spiels um alles kümmern.

Dieses Wochenende war für uns als Fußballfans ein tolles Erlebnis. Wir haben vieles geboten bekommen, was Fans begeistert. Und da dies unser erster näherer Kontakt zu einem Verein war, blieben anschließend gewisse Sympathien für den FC Bayern nicht aus.

4.

„Deswegen baut Chelsea neu auf über Cech, Cech in die Innenverteidigung zu Terry und zu Luiz; die spielen sich tief in der eigenen Hälfte den Ball zu. Jetzt hat Ramires sich den Ball abgeholt, dreht sich um die eigene Achse und nimmt Tempo auf – oh, steiler Pass in die Mitte rein zu Sturridge, Sturrigde ist jetzt rechts raus gedrängt worden, Sturridge guter Übersteiger in der Mitte, im Strafraum und bringt ihn rein – aber da ist Leno, fängt den Ball gerade noch vor dem heranstürmenden Drogba ab."

Auch Nina und ich sitzen an diesem Abend in der Bay-Arena und hören gespannt Buraks Reportage zu. Wir genießen sehr, dass es diesen Service gibt. Als ich im Mai 1981 mein erstes Spiel im Stadion erlebte, war an so ein Angebot noch nicht zu denken. Ich war zehn Jahre alt, und mein Interesse für Fußball ging damals über das gemeinsame Verfolgen von Länderspielen im Fernsehen mit meinen Eltern nicht hinaus. Mein Vater war in den 70er Jahren häufig zu Heimspielen von Werder Bremen gefahren, und auch meine Mutter interessierte sich für Fußball. So kam es an jenem Abend im Mai zu einem Familienausflug zum Spiel Werder Bremen gegen Rot-Weiß Lüdenscheid, einem Spiel der 2. Bundesliga Nord (Die eingleisige 2. Bundesliga wurde erst später eingeführt.). Dies war der Beginn meines intensiven Interesses für Fußball. In den folgenden Jahren gab es für mich samstagnachmittags nichts anderes als die Bundesligasendung im Radio.

Die Stadionbesuche beschränkten sich auf ein bis zwei Spiele pro Saison in Bremen. Erst als mir meine Eltern 1985 die erste Dauerkarte bei Werder schenkten, wurden die Spielbesuche mit meinem Vater zur Regelmäßigkeit. Hinzu kamen einzelne Fahrten zu Auswärtsspielen, meist mit meiner Mutter. Meine Eltern schilderten mir dann das Geschehen auf dem Spielfeld, so wie sie mir auch andere Dinge im Alltag beschrieben, die ich aufgrund meiner Sehbehinderung nicht erkennen konnte.

Nina war bei ihrem ersten Stadionbesuch Ende der 70er Jahre noch etwas jünger als ich. Da ihre Eltern in Ostwestfalen lebten, war Arminia Bielefeld der nächstgelegene bedeutendere Verein. Dort hatte ihr größerer Bruder eine Dauerkarte. Und weil das, was der große Bruder macht, immer gut und spannend ist, wollte Nina auch zur Bielefelder Alm. Versteckt zwischen Vater und Bruder, ging es also ohne Eintrittskarte ins Stadion. So erlebte Nina die ersten Spiele, ohne sich eigentlich für das Geschehen auf dem Platz zu interessieren. Irgendwann fing sie an, samstagabends mit vor der Sportschau zu sitzen. Eigentlich hatte sie immer gespielt, wenn Vater und Bruder vor dem Fernseher saßen. Aber da im Verlaufe der Sendung laute Geräusche zu vermeiden waren, konnte sie sich auch direkt mit dazusetzen. Weil sie es nicht sehen konnte, verstand sie nicht viel von dem, was die Kommentatoren beschrieben. Aber wozu hat man einen großen Bruder, der selbst einige Zeit in einer Jugendmannschaft gespielt hatte? Mit Hilfe von Tischfußballspielen mit beweglichen Figuren versuchte er, ihr den

Fußball näher zu bringen. Regelmäßige Stadionbesuche waren zu der Zeit aber noch in weiter Ferne.

Anfang der 80er Jahre ergab es sich im Internat der Blindenschule in Soest, wo Nina die ersten acht Schuljahre verbrachte, dass sich um eine Erzieherin herum eine Gruppe von fußballinteressierten Kindern und Jugendlichen bildete. Es war die Zeit, als z. B. Pierre Littbarski seine Karriere in der Nationalmannschaft begann und junge Spieler auch in der Liga von sich reden machten. Um mitreden zu können, wurde für Nina die Fußballsendung am Samstagnachmittag im Radio zu einem festen Termin. Stadionbesuche waren eher eine seltene, aber attraktive Besonderheit.

5.

Das Angebot von Herrn Roth, auch ohne Begleitperson nach München zum Fußball kommen zu können, ließ uns nicht los. Bot sich doch so die Möglichkeit, etwas zu unternehmen, ohne eine sehende Begleitperson zu benötigen. Das war für uns ein völlig neuer Gedanke. Bisher waren wir nur mit Familienangehörigen oder Freunden unterwegs gewesen oder verreist.

Zug fahren ohne Begleitung konnten wir. Dies hatten wir unter anderem beim sogenannten Orientierungs- und Mobilitätstraining gelernt. Hierbei lernen Blinde und hochgradig Sehbehinderte im Einzelunterricht bei speziell ausgebildeten Trainern den Umgang mit dem weißen Langstock. Es gilt zu erlernen, den Stock richtig einzusetzen, um sich zu schützen und andere Passanten nicht zu gefährden. Die Pendelbewegung, die sicher jeder schon einmal gesehen hat, muss präzise ausgeführt werden. Sie muss der Körperbreite entsprechen und versetzt zu den Schritten erfolgen. D. h., wenn mit dem linken Fuß ein Schritt gemacht wird, ist der Stock rechts, um das Terrain für den nächsten Schritt mit rechts zu sondieren. So entsteht die typische Pendelbewegung, die fälschlicherweise manchmal als wildes Herumfuchteln wahrgenommen wird. Diese Grundtechnik wird in großen Verwaltungsgebäuden mit vielen Fluren und Treppenhäusern gelernt. Hier können gefahrlos auch verschiedene Orientierungsübungen, wie z. B. die Erkundung einer fremden Umgebung, durchgeführt werden.

Anschließend gilt es, spezielle Techniken z. B. zum Treppen gehen zu erlernen. Erst wenn diese Grundlagen geschaffen sind, ist ein sicheres Bewegen möglich. Nun geht es darum, sich im Straßenverkehr zurechtzufinden. Zunächst wird in einem Wohngebiet mit wenig befahrenen Straßen das sichere Gehen auf dem Fußweg trainiert. Hierbei geht es darum, Hecken, Zäune, Mauern und Bordsteinkanten richtig zur Orientierung einzusetzen, um möglichst nicht auf einen Parkplatz zu geraten, dort im Kreis zu laufen und sich zu wundern, warum die nächste Querstraße so lange auf sich warten lässt. Eine wichtige Orientierungshilfe bildet auch der Straßenverkehr. Akustisch lässt sich so die gewünschte Richtung einhalten. Auch das korrekte Überqueren einer kleinen Straße ohne Ampel will gelernt sein.

Die nächste Herausforderung sind dann u. a. Kreuzungen mit Ampeln. Schön, wenn es sich um eine Ampelanlage mit akustischem Signal handelt. Dann ist das Überqueren verhältnismäßig einfach, weil zum einen hörbar ist, wann grün ist und zum anderen auch der gegenüberliegende Ampelmast akustisch angesteuert werden kann. Aber auch viele Kreuzungen ohne spezielle Ausstattung sind zu bewältigen. Da bleiben dann zwei Möglichkeiten: Entweder das Fragen von Passanten oder das sehr genaue akustische Analysieren der Kreuzung. Das bedeutet, dass es bestimmte Regelmäßigkeiten bei der Schaltung von Ampelanlagen gibt. Diese sind mit viel Zeitaufwand bei kleineren Kreuzungen zu erkennen. Dann ist eine gefahrlose Überquerung möglich. Allerdings ist diese Vorgehensweise sehr schwierig und nicht für jeden Blinden zu leisten.

Häufig gibt es aber auch Situationen, in denen Informationen von anderen Passanten benötigt werden. Hier ist dann die richtige Fragetechnik sehr entscheidend. Fragen, die mit ja oder nein beantwortet werden können, sind tabu. Zu häufig gibt es als Antwort ein „Ja, ja" und der Gefragte ist auf und davon, ohne dass der Fragende eine präzise Antwort bekommen hat.

Auch Bus fahren will gelernt sein: Wo stelle ich mich an einer Bushaltestelle hin, damit der Fahrer auch weiß, dass ich mit will? Wo befinden sich im Bus üblicherweise die Plätze für Behinderte? Bei der Fahrt mit der Bahn geht es u. a. darum, wie Türen zu finden sind, wie sich der Abstand zwischen Bahnsteig und Zug sicher ertasten und überwinden lässt und wie das Bewegen auf dem Bahnsteig gefahrlos möglich ist. Hierbei versetzt eine Methode häufig die Passanten in Schrecken. Um nicht unverhofft an der Bahnsteigkante zu stehen, ist es auch möglich, in geringem Abstand an der Kante entlang zu gehen, wobei der Stock diese berührt. Das hat auch den Vorteil, dass in diesem Bereich meistens nicht so viele Leute stehen und das Durchkommen einfacher ist. Eine gute Orientierungshilfe bilden auch speziell für Blinde und Sehbehinderte angelegte Leitlinien. Diese lassen sich meistens in Bahnhöfen und auf Bahnsteigen finden. Es handelt sich um einen Streifen aus sich von der Umgebung optisch und taktil abhebenden Platten. Leider stehen und gehen auf diesen Linien bevorzugt andere Passanten, sodass diese Hilfe oft nicht richtig genutzt werden kann.

Eine weitere Orientierungshilfe zum Auffinden bestimmter Punkte ist auch der Geruchssinn. U. a. sind so Bäckereien, Metzgereien, Apotheken, Blumengeschäfte und Friseure am Geruch erkennbar. Sogar Abgänge zu unterirdischen Bahnstationen lassen sich mit der Nase finden. Supermärkte sind am typischen Geräusch der Einkaufswagen, die zum parkenden Auto oder zum Sammelplatz geschoben werden, identifizierbar.

Das Erlernen dieser Grundfertigkeiten erfordert mindestens 60 bis 80 Stunden Einzeltraining. Erst danach ist es möglich, sich mit dem Stock und ohne Begleitung in den Straßenverkehr zu wagen.

Wir verfügten über die elementaren Kenntnisse im Umgang mit dem Langstock, als wir über eine Fahrt nach München nachdachten. Erfahrung beim Zug fahren hatten wir durch die wöchentlichen Fahrten zu unseren Eltern, und auch U-Bahn fahren gehörte in Hamburg zu unserem täglichen Schulweg. Das waren jedoch alles Strecken, die wir gezielt geübt hatten. Ein ganzes Wochenende in München war da etwas ganz anderes. Wir fragten unsere Orientierungs- und Mobilitätstrainerin, ob sie uns diese Reise zutraut. Sie bejahte, gab aber hinterher zu, dass sie eigentlich Bedenken hatte, uns die Chance zur Erweiterung unseres Selbstvertrauens aber nicht nehmen wollte.

Wir riefen also Herrn Roth an und vereinbarten einen Stadionbesuch im Oktober 1990. Nun benötigten wir eine Unterkunft. Die Übernachtung in einem größeren Hotel trauten wir uns nicht zu, konnten wir uns als Schüler aber auch nicht leisten. Über die Touristeninformation ließen wir uns eine kleine Pension nahe einer U-Bahn-Station mit direkter Verbindung zum Hauptbahnhof empfehlen. Von der Wirtin erbaten wir dann eine möglichst genaue Wegbeschreibung vom Zug zur U-Bahn am Bahnhof und von der Haltestelle zur Pension.

Mit diesen Informationen und der Zusage von Herrn Roth, uns bei der Pension abzuholen und nach dem Spiel zurückzubringen, machten wir uns auf den Weg. Alles ging gut: Wir kamen wie geplant in München an, fanden die richtige U-Bahn und den Weg zur Pension. Unser Abendessen hatten wir uns in Form von Kräckern, Käse und Minisalamis mitgebracht. Ein Restaurant zu suchen, trauten wir uns nicht zu. Am Samstagmittag holte Herr Roth uns vereinbarungsgemäß ab. Da er im Umfeld des Spiels im Innenraum des Stadions zu tun hatte und für uns kommentieren musste, eine Spezialreportage gab es ja noch nicht, durften wir wieder auf der hölzernen Vortribüne sitzen. Als wir am Abend wohlbehalten wieder zurück in unserer Pension waren, überraschte uns unsere Wirtin mit Brathähnchen zum Abendessen. Da die Pension keinen Aufenthalts- oder Speiseraum hatte, roch unser Zimmer dann die ganze Nacht nach Imbissbude. Den Rückweg nach Hamburg bewältigten wir ohne besondere Vorkommnisse.

Als Fazit dieses Experiments konnten wir festhalten: Es ist vieles zu schaffen, wenn das Vertrauen in das eigene Ich vorhanden ist und die ganze Sache gut vorbereitet wird. Wir waren wirklich stolz auf das, was wir geleistet hatten.

6.

Durch unsere Erfahrungen ermutigt, fuhren wir einige Wochen später erneut zu einem Spiel nach München. Auch dieses Mal ging alles gut. In der Rückrunde besuchten wir noch zwei Spiele mit Begleitpersonen. Diese Stadionerlebnisse und der Kontakt zu Stephan Roth führten dazu, dass wir wenn nicht Bayern-Fans so doch Sympathisanten wurden. Im Sommer machte er dann den Vorschlag, einen Bayern-Fanclub für Blinde zu gründen. Über ihn hätten wir den Kontakt zum Verein und er könne uns mit Informationen versorgen, die wir dann blindengerecht aufarbeiten könnten. Die Idee gefiel uns, und wir machten uns Gedanken über die Umsetzung.

Zunächst musste ein Name für den Club gefunden werden. Dabei griffen wir auf den Sprachgebrauch an der Blinden- und Sehbehindertenschule zurück, wo Sehbehinderte als Sehhunde und Blinde als Blindschleichen bezeichnet wurden. Da Seehunde als Tiere positiver besetzt sind und sich daraus ein schöneres Wappen kreieren ließ, entschieden wir uns für den Seehund, aus dem als Wortspiel ein Sehhund wurde. Ein Bekannter zeichnete uns dann das Wappen: Einen Seehund, in den Vereinsfarben des FC Bayern – rot und weiß – gefleckt wie eine Kuh mit der gelben Blindenbinde mit den drei schwarzen Punkten an der Schwanzflosse. So war der Name geboren: Fanclub Sehhunde

Als Hauptaufgabe betrachteten wir zunächst die Aufbereitung und Weitergabe von Informationen über den FC Bayern. Hierfür gab es zu jener Zeit nur zwei Möglichkeiten: Das Besprechen einer Kompaktkassette oder den Druck von Blindenschrift. Digitale Medien und Internet standen 1991 noch nicht zur Verfügung. Wir entschieden uns für die Kompaktkassette, da der Druck von Blindenschrift zu teuer geworden wäre.

Nun fehlte uns für unseren Fanclub noch das Wichtigste: Die Mitglieder. Wir schalteten eine Anzeige in der Blindenschriftausgabe von Stern/Zeit, worauf sich 5 Interessierte aus dem gesamten Bundesgebiet und der Schweiz meldeten.

Im August 1991 erstellten und versandten wir die erste Ausgabe von „Blickpunkt FC Bayern". Sie enthielt neben dem Bundesligaspielplan viele weitere aufgesprochene Details aus den Presseinformationen des FC Bayern, die Herr Roth uns zur Verfügung stellte.

Die zweite Ausgabe sollte dann ein exklusives Interview enthalten. Der FC Bayern spielte am 14. September beim Hamburger SV, und Herr Roth stellte uns einen Termin mit Jupp Heynckes am Vorabend im Hotel in Aussicht. Da Herr Heynckes durch seine Einladung nach München den Grundstein für die Fanclub-Idee gelegt hatte, sollte er auch das erste Interview für „Blickpunkt FC Bayern" geben.

Am Freitagnachmittag bekamen wir dann von Herrn Roth das telefonische OK, dass wir uns um 18:30 Uhr im Mannschaftshotel einfinden sollten. Als wir bereits am Eingang von einem Hotelangestellten nach unserem Anliegen gefragt wurden, kamen uns Bedenken, da wir uns mit keinem Schriftstück legitimieren konnten. Scheinbar wirkten wir glaubwürdig, denn man ließ uns hinein und auch an der Rezeption telefonierte man bereitwillig nach Jupp Heynkkes. Da es in der Hotellobby sehr unruhig war, holte er uns zum Interview auf sein Zimmer – wieder eine neue Situation. Nachdem er uns trotz der sportlich schwierigen Lage ausführlich alle Fragen beantwortet hatte, lud er uns zum Abendessen mit der Mannschaft ein. Wir waren sehr überrascht, weil Mannschaftsessen normalerweise eine rein interne Angelegenheit sind, bei der externe Personen nichts verloren haben. Gleichzeitig zeigte uns die Einladung, dass wir uns während des gemeinsamen Abendessens in München richtig verhalten haben mussten.

Wir waren sehr froh, dass wir im Blindenjugendheim schon Training in LPF (lebenspraktische Fertigkeiten) hatten. Hierbei handelt es sich, wie beim Orientierungs- und Mobilitätstraining, um Einzelunterricht, in dem neben Kochen, Putzen und Wäschepflege auch das korrekte Essen mit Messer und Gabel gelernt wird. Da es zum Ausführen dieser Tätigkeiten viele Tricks und Kniffe gibt, bedarf es des Unterrichts durch speziell ausgebildete Trainer. So lernt man z. B., sich mittels Messer und Gabel zunächst so auf dem Teller zu orientieren, dass man weiß, was wo liegt und dass nicht hinterher die Hälfte auf der Tischdecke, statt auf dem Teller oder im Mund landet.

Auf dem Weg zum Essen fiel uns plötzlich ein, dass Herr Roth während unseres ersten Wochenendes in München gesagt hatte, dass Herr Heynckes nicht wünsche, dass irgendjemand vom Verein von der Einladung erführe. Was sollten wir nun sagen, wenn wir beim Essen z. B. von Uli Hoeneß gefragt würden, woher wir den Trainer kennen? Auf unsere Nachfrage wiegelte Jupp Heynckes ab und meinte, dass wir uns darüber keine Gedanken machen sollten.

Als wir den Speiseraum betraten, saßen alle Spieler, Trainer und Offiziellen schon an einer langen Tafel und warteten nur noch auf den Cheftrainer. Für uns wurden zwei Stühle dazugestellt, und so befanden wir uns in Tischnachbarschaft mit Geschäftsführer Karl Hopfner, Manager Uli Hoeneß, Co-Trainer Egon Coordes und Jupp Heynckes. Wir waren sehr aufgeregt, handelte es sich ja dieses Mal nicht nur um ein privates Abendessen mit einem Prominenten, sondern um ein internes Essen des gesamten Vereinstrosses. Zunächst verhielten wir uns still und warteten ab, ob wir angesprochen würden. Offensichtlich irritierte unsere Anwesenheit insbesondere die Spieler so stark, dass kein Gespräch zustande kam. Als zum Hauptgang dann Möhren angeboten wurden und Nina sagte: „Ja, ich möchte Möhren. Die sind gut für die Augen", verschlug es allen die Sprache. Diese Geschichte machte im Fußballgeschäft die Runde. Wir hörten im Laufe der Jahre immer wieder davon.

Nach beendeter Mahlzeit verließen zunächst die Spieler den Raum. Als dann auch die Übrigen sich erhoben, sagte Herr Heynckes so laut, dass es alle Anwesenden hören konnten zu uns: „Und Uli Hoeneß hat euch ja auch nicht gebissen!" Uns war die Situation so peinlich, dass wir am liebsten im Boden versunken wären.

In den folgenden Jahren sollte sich zeigen, dass dieser unangenehme Vorfall sein Gutes hatte, weil er dafür sorgte, dass Beteiligte uns im Gedächtnis behielten.

7.

Nur drei Wochen nach diesem Erlebnis wurde Jupp Heynk-kes wegen des sportlichen Misserfolgs beim FC Bayern entlassen. Da er für uns die Tür zum Verein geöffnet hatte, wussten wir nicht, wie es für uns und den frisch gegründeten Fanclub weitergehen würde, zumal wir für die kurz darauf folgenden Herbstferien eine einwöchige Reise nach München geplant hatten. Wir überlegten, die Fahrt abzusagen. Stephan Roth meinte jedoch, dass wir ruhig kommen könnten.

Auf einen so langen Aufenthalt in München mussten wir uns dann aber doch anders vorbereiten als gewohnt. Wir wollten ja nicht nur in unserer Pension sitzen. Ich besorgte mir einen Stadtplan, auf dem ich mir zuhause mithilfe meines Bildschirmlesegerätes einen Überblick über die Stadt verschaffte. Ein Bildschirmlesegerät ist ein Hilfsmittel für Sehbehinderte, bei dem mittels einer Kamera Gedrucktes vergrößert auf einem Monitor angezeigt wird. Leider gab es solche Geräte damals noch nicht in portabler Form, so dass ich in München dann auf eine optische Lupe zurückgreifen musste. Um uns das Zurechtfinden im U- und S-Bahn-Netz zu erleichtern, zeichnete ich mir den Netzplan in DIN A3-Größe ab und erstellte Listen mit allen Haltestellen. Viel Arbeit, die sich aber in den nächsten Jahren bezahlt machte. Es ersparte mir das mühsame Suchen mit der Lupe auf den sehr klein gedruckten Netzplänen der Verkehrsbetriebe. Darüber hinaus erweiterten wir unsere Ausrüstung noch um einen Reisetauchsieder. So konnten wir uns auf unserem Zimmer Tee und Trockensuppen zubereiten und mussten uns nicht für jede Kleinigkeit auf den Weg machen.

Wenn wir nicht gerade am Trainingsgelände des FC Bayern auf unsere Interviewpartner warteten, was manchmal ganze Tage in Anspruch nahm, erkundeten wir Stück für Stück den Hauptbahnhof, das U- und S-Bahn-Netz inklusiv wichtiger Umsteigebahnhöfe und die Umgebung unserer Pension. Wichtig waren hier vor allen Dingen auch Telefonzellen, da Handys zu jener Zeit noch unerschwinglich waren. In der Pension konnten wir zwar über die Vermieterin angerufen werden, selber telefonieren war aber nur im Notfall möglich. Um Absprachen bezüglich der Interviewtermine mit Stephan Roth treffen zu können, mussten wir immer wieder Telefonzellen aufsuchen, was sehr misslich war, da er schlecht zu erreichen war.

Diese Erkundungen waren eine große Herausforderung, weil uns nur unsere Kenntnisse im Umgang mit dem Langstock und mein kleiner Sehrest zur Verfügung standen. Da wir viel Zeit hatten, gelang es ganz gut, München für uns zu erschließen. Auch den Weg zum FC Bayern bewältigten wir mit U- und Straßenbahn bald selbstständig.

So bildete unsere erste Woche in München einen weiteren großen Schritt in Richtung Mobilität und Unabhängigkeit, den wir ohne den Anreiz des Fußballs möglicherweise nie gemacht hätten.

Da wir uns jedoch auch mit den Ligakonkurrenten beschäftigen wollten, stellten wir im Vorfeld des Spiels Hamburger SV gegen den 1. FC Kaiserslautern eine Interviewanfrage bei Karl-Heinz Feldkamp, dem damaligen Trainer der Lauterer. Eines Nachmittags erhielt Nina dann einen Anruf: Eine resolut klingende Frau, deren Namen sie nicht verstanden hatte, sagte: „Sie haben meinem Mann einen Brief geschrieben." Nina glaubte zunächst an eine Verwechslung und wollte gerade sagen: „Was geht mich ihr Mann an". Zum Glück fiel ihr gerade noch rechtzeitig ein, dass es sich um Frau Feldkamp handeln müsse. Das Gespräch nahm eine gute Wendung und wir erhielten unseren Interviewtermin.

„Blickpunkt FC Bayern" darf sich niemand wie eine wöchentlich erscheinende Zeitschrift vorstellen. Dafür fehlte uns die Zeit und auch das inhaltliche Material. Wir entschieden uns für einen ca. sechswöchigen Rhythmus, wodurch wir auf neun Ausgaben pro Saison kamen. Bislang war es uns gelungen, für jede Nummer ein selbst geführtes Interview zu bekommen. Dies wollten wir gerne beibehalten und planten deshalb in den Frühjahrsferien eine Rundreise, um Interviews „auf Vorrat" zu führen. Dies war möglich, da wir die Fragen so gestalteten, dass wir die Ergebnisse auch noch Monate später veröffentlichen konnten, ohne dass die Antworten nicht mehr gepasst hätten.

Mit Gerd Schwickert, Trainer des FC Homburg/Saar und Christoph Daum, inzwischen Verantwortlicher beim VfB Stuttgart standen zwei Gesprächspartner auf unserer Wunschliste, die wir aus terminlichen Gründen nicht in

Hamburg interviewen konnten. Durch unsere guten Erfahrungen in fremder Umgebung in München ermutigt, beschlossen wir, über Homburg und Stuttgart nach München zu fahren.

Herr Schwickert bot uns einen Termin am frühen Abend an, was für uns bedeutete, dass wir in Homburg übernachten mussten. Von gemeinsamen Reisen mit einer Schulfreundin wusste ich, dass wir auch in kleinen Jugendherbergen zurechtkommen müssten. Wir buchten uns für eine Nacht in Homburg ein.

Um von Hamburg nach Homburg zu kommen, mussten wir in Mannheim, einem Bahnhof, den wir noch nicht kannten, umsteigen. Wir entschieden uns für eine Verbindung mit viel Umsteigezeit und kamen mit Hilfe von vielem Nachfragen auch in Homburg an. Vom Bahnhof zur Jugendherberge nahmen wir uns dann ein Taxi.

Die anschließende Fahrt zur Geschäftsstelle des FC Homburg war leider vergebens, weil Herr Schwickert unseren Termin vergessen hatte. Glücklicherweise konnten wir aber telefonisch ein Gespräch für den nächsten Vormittag vereinbaren, welches dann zustande kam.

Anschließend fuhren wir zurück nach Mannheim, wo wir Richtung Stuttgart umsteigen mussten. Den Bahnhof Mannheim kannten wir ja schon vom Hinweg, was die ganze Sache enorm erleichterte. In Stuttgart fragten wir uns dann zur S-Bahnhaltestelle durch und fuhren zu der dem Vereinsgelände des VfB Stuttgart nächstgelegenen Station. Dort holte uns freundlicherweise ein Mitarbeiter der Geschäftsstelle ab.

Auch das mit Christoph Daum vereinbarte Interview fand nicht zum geplanten Zeitpunkt statt, weil ihm ein privater Termin dazwischen kam. So mussten wir eine Stunde später anfangen, was zur Folge hatte, dass wir unseren vorgesehenen Zug nach München nicht mehr erreichen konnten. Zurück am Bahnhof bedeutete dies, dass wir nun erst einmal die Information suchen mussten, um uns eine neue Verbindung nach München nennen zu lassen. Glücklicherweise waren damals die Züge noch nicht so voll wie heute, sodass man auch ohne Reservierung einen Platz bekam.

Als wir dann abends in München ankamen, fühlten wir uns ein bisschen wie zuhause: Kannten wir uns doch hier schon einigermaßen aus. Wir hatten aber die Erfahrung gemacht, dass auch Reisen in andere Städte machbar sind.

8.

Im März 1992 unterschrieb Egon Coordes einen Vertrag als Cheftrainer beim Hamburger SV. Zwei Tage später trat der HSV dann ausgerechnet bei seinem Ex-Verein FC Bayern an. Dieses Spiel lag genau in unserem im vorigen Kapitel erwähnten Urlaub, und wir waren natürlich im Stadion. Zum ersten Mal hatten wir nun die Situation, nicht so recht zu wissen, mit wem wir sympathisieren sollten: Egon Coordes hatten wir bei dem Essen mit der Mannschaft des FC Bayern kennen gelernt und mit dem FC Bayern verband uns ohnehin der Kontakt zum Verein. Wir konnten uns nicht entscheiden und blieben daher neutral.

Auf unserer dauernden Suche nach Interviewpartnern lag es nahe, Egon Coordes anzuschreiben und um einen Termin zu bitten. Wir rechneten uns gute Chancen aus, da wir hofften, dass er sich an uns erinnern könne. Lange Zeit hörten wir nichts auf die Anfrage bis plötzlich eines Nachmittags das Telefon klingelte und Herr Coordes am Apparat war. Selbstverständlich würde er sich an uns erinnern und uns auch zu einem Interview zur Verfügung stehen. Die Terminsuche gestaltete sich dann aber sehr schwierig, und letztendlich kam es dann zu einer zu seiner unkonventionellen Art passenden Lösung: Zur Eröffnung einer neuen Praxis des Mannschaftsarztes fand eine Feier statt, zu der er uns einfach einlud. Das Interview führten wir dann mitten im größten Trubel der Einweihungsfeier.

Einige Tage später standen wir freitagnachmittags in Hamburg am Bahnhof und warteten auf den Zug Richtung Osnabrück, um übers Wochenende zu Ninas Eltern zu fahren. Plötzlich schlug uns jemand von hinten kräftig auf die Schulter. Uns fuhr der Schreck in die Glieder bis sich Herr Coordes zu erkennen gab. Der HSV hatte am Samstag ein Auswärtsspiel in Düsseldorf, und die komplette Mannschaft befand sich auf dem Bahnsteig. Der Zufall wollte es, dass wir den gleichen Zug nahmen. Herr Coordes lud uns zum Kaffee ins Zugrestaurant ein, wo wir dann auch seinen Co-Trainer Benno Möhlmann kennen lernten. Wir erlebten eine amüsante Fahrt bis wir leider in Osnabrück aussteigen mussten. Ninas Mutter staunte nicht schlecht, als ein ihr fremder Herr im Anzug uns, ganz Kavalier alter Schule, aus dem Zug half. Es dauerte geraume Zeit, bis sie tatsächlich glauben konnte, dass es sich dabei um den amtierenden Trainer des HSV handelte. Nur wenige Tage später wusste die ganze Kleinstadt davon. Noch Jahre später erzählte Frau Schweppe von diesem Erlebnis am Bahnhof.

Die Tatsache, dass Bundesligavereine per Bahn zu Auswärtsspielen reisen, war uns damals völlig neu. In den nächsten Monaten schauten wir immer erst in den Spielplan, bevor wir freitags zum Bahnhof fuhren, um auf eventuelle „Attacken" seitens Egon Coordes vorbereitet zu sein.

Einige Zeit später fanden wir vor einem Spiel in Nordrhein-Westfalen wider Erwarten niemanden auf dem Bahnsteig. Wir stiegen ein und gingen noch einmal durch den Zug. Plötzlich wurden wir angesprochen. Heribert Bruchhagen, damals Manager beim HSV hatte uns entdeckt. Es stellte sich heraus, dass er dieses Mal alleine unterwegs war und die Mannschaft per Bus reiste. Diese Begegnung kam uns später immer mal wieder zugute, da Herr Bruchhagen in den unterschiedlichsten Positionen im Fußball tätig sein sollte.

Leider währte die Zeit von Egon Coordes beim Hamburger SV nicht lange. Nach nur sechs Monaten wurde er entlassen und damit war auch unser Kontakt zum Verein vorbei.

9.

Da es während unserer Münchenaufenthalte schwierig war, mit Stephan Roth über die weitere Entwicklung des Fanclubs zu sprechen, richtete er seine Dienstreisen gelegentlich so ein, dass er einen Zwischenstopp in Hamburg einlegen konnte. Wir trafen uns dann in einem Flughafenrestaurant oder Hotel. Bei einem dieser Treffen schlug er vor, dass sich die Fanclub-Mitglieder einmal im Jahr zu einem gemeinsamen Spielbesuch in München treffen sollten. Wir waren von der Idee begeistert, weil so die Möglichkeit geschaffen wurde, dass sich alle auch persönlich kennenlernen konnten.

Zunächst mussten jedoch noch viele Details geklärt werden: Die Teilnehmer waren alle blind oder sehbehindert. Welche Besonderheiten ergeben sich daraus? Welche Programmpunkte sind neben dem Spielbesuch durchführbar? Wer organisiert sehende Begleitpersonen und wie viele werden benötigt?

Da Herrn Roth und uns jegliche Erfahrung bei der Organisation solcher Veranstaltungen fehlte, entschieden wir uns für ein Treffen von Samstagvormittag bis Sonntagmittag. Es handelte sich ja um ein Experiment.

Aus zwei Gründen entschieden wir uns dafür, selber Begleitpersonen zu akquirieren und nicht die Teilnehmer zu verpflichten, sich jemanden mitzubringen. Es war uns wichtig, jedem die Teilnahme zu ermöglichen, auch wenn derjenige keinen eigenen Begleiter hatte. Bei vielen Angeboten für Blinde, auch von Blindenvereinen, wird ein persönlicher Begleiter vorausgesetzt, was für manche die Teilnahme unmöglich macht. Außerdem hatte unsere Herangehensweise den Vorteil, dass wir die Sehenden so auswählen konnten, dass sie in der Lage waren, sich um zwei Teilnehmer zu kümmern. So blieb bei späteren Veranstaltungen mit mehr Mitgliedern die Gruppengröße überschaubar. Natürlich gab es auch immer wieder Ausnahmen von dieser Regel, wenn jemand aus persönlichen oder gesundheitlichen Gründen einen eigenen Begleiter benötigte.

Bis zum Herbst 1992 war der Fanclub noch nicht so stark gewachsen, wie wir uns das gewünscht hätten, und so fand das erste Fanclub-Treffen am 24. und 25. Oktober mit 7 Mitgliedern statt.

Im Laufe des Samstagvormittags wurde jeder Teilnehmer direkt an seinem Zug abgeholt und zum Hotel gebracht. Mittags ging es dann zum Olympiastadion. Als erste Attraktion hatte Herr Roth für die notwendigen Transfers den ehemaligen Mannschaftsbus des FC Bayern organisiert, was speziell für die echten Bayernfans natürlich etwas ganz Besonderes war. Das nächste Highlight folgte auf dem Fuß: Stephan Roth führte uns durch die Umkleidekabinen und in den Innenraum des Stadions. Es entstanden Fotos auf der Trainerbank und im Tor. Nach dem Spiel hatten dann auch die Fanclub-Mitglieder im Trophäensaal an der Geschäftsstelle die Möglichkeit, die Original-Meisterschale anzufassen und sich damit fotografieren zu lassen. Beim Abendessen gab es noch eine Überraschung: Bruno Labbadia, Spieler des FC Bayern stand allen in entspannter Atmosphäre für Fragen zur Verfügung. Dies war sicherlich für die meisten ähnlich aufregend wie für uns das erste Interview.

Nach einer improvisierten kleinen Mitgliederversammlung auf unserem Zimmer – dies war die einzige Veranstaltung, bei der noch alle Teilnehmer in einem Hotelzimmer Platz fanden – ging es dann für alle wieder nach Hause.

Wir zogen im Nachhinein gemeinsam mit Herrn Roth ein positives Fazit und beschlossen, solche Treffen einmal im Jahr stattfinden zu lassen. Es wurde sehr deutlich, dass eine Veranstaltung mit Blinden und Sehbehinderten minutiös geplant werden muss.

10.

„Castro im Ballbesitz; Castro halbrechte Position, ist schon wieder auf dem Flügel in Flankenposition, geht nochmal vorbei und dann kommt der Block von Bosingwa. Es gibt Ecke für Bayer 04 in dieser 32. Minute."

Jedes Mal, wenn wir ein Spiel in der BayArena besuchen, denken wir daran, wie alles begann:

Im Herbst 1998 hatten wir einen Interviewtermin mit Rudi Völler, der damals schon Sportdirektor bei Bayer Leverkusen war. Wir fanden uns zum vereinbarten Zeitpunkt auf der Geschäftsstelle ein. Wie in der Vergangenheit schon häufiger passiert, hatte auch an diesem Tag das schnelllebige Tagesgeschäft des Fußballs die Terminplanung über den Haufen geworfen. Wir saßen bereits mit Rudi Völler zusammen, als er plötzlich zu einem wichtigen Termin abberufen wurde. Herr Dost, Pressesprecher von Bayer Leverkusen, bat uns um etwas Geduld. So etwas kannten wir schon, und wir stellten uns auf stundenlanges Warten ein. Nach kurzer Zeit kam jedoch Herr Dost zurück und teilte uns mit, dass der Termin noch länger dauern würde. Er bot uns an zu warten oder zu einem späteren Zeitpunkt einen neuen Termin zu vereinbaren. In der Vergangenheit hatten wir immer geduldig gewartet, auch wenn es einen halben Tag gedauert hatte: Ein einmal vereinbartes Interview gaben wir nicht auf. Wer weiß, ob es einen neuen Termin gibt. In diesem Fall waren wir uns aber sofort sicher, dass wir nicht warten müssten.

Irgendetwas gab uns das Vertrauen, dass Herr Dost uns einen neuen Termin vermitteln würde.

Einige Wochen später führte uns eine Reise erneut in den Westen, und wir bekamen ohne Probleme unser Interview mit Rudi Völler.

Diese Zuverlässigkeit bewog uns, bezüglich eines Jahrestreffens bei Bayer Leverkusen nachzufragen. Schon seit mehreren Jahren fanden die Treffen der Fanclub-Mitglieder nicht mehr in München statt, weil uns nach dem Weggang von Herrn Roth dort ein geeigneter Ansprechpartner fehlte. Herr Dost sicherte uns die benötigte Unterstützung zu. Und so trafen wir uns Im April 1999 in Leverkusen.

Zu einer Gesprächsrunde am Samstagvormittag wollten wir eigentlich Rudi Völler einladen. Wir riefen bei ihm im Büro an. Dort ging aber Kurt Vossen, Vorstandsmitglied von Bayer Leverkusen, ans Telefon und teilte uns mit, dass Rudi Völler gar nicht da sei und wir ihn daher auch nicht einladen könnten. Da wir aber dringend noch einen Gast benötigten, überredete Nina ihn kurzerhand, doch zu kommen. Diese Programmänderung sollte weitreichende Konsequenzen haben. Herr Vossen erzählte, dass ein Mitarbeiter des Vereins im Rahmen eines Champions-League-Spiels in Manchester gesehen hätte, dass dort blinde Stadionbesucher mittels eines Kopfhörers eine Spielreportage angeboten bekommen hätten. Er fragte nun die anwesenden Mitglieder, ob sie sich vorstellen könnten, dass ein solches Angebot in Deutschland auf Interesse stoßen würde. Wir waren alle von dieser

Idee begeistert, konnten uns aber die Umsetzung nicht so recht vorstellen. Wir vereinbarten mit Herrn Vossen, dass wir uns Anfang der kommenden Saison zu diesem Thema zusammensetzen wollten.

Tatsächlich erinnerte man sich in Leverkusen Anfang August noch an den Vorschlag von Herrn Vossen, und wir vereinbarten für September ein Zusammentreffen zu diesem Thema.

Einen Tag vor diesem Gespräch hatten wir mittags einen Interviewtermin mit Dieter Hoeneß, dem Manager von Hertha BSC in Berlin. Um nicht von Berlin über Hamburg nach Leverkusen fahren zu müssen, beschlossen wir, bis abends in Berlin zu bleiben und dann per Schlafwagen nach Köln zu fahren. Als wir auf der Geschäftsstelle von Hertha BSC ankamen, herrschte dort ein großes Durcheinander. Endlose Menschenschlangen standen bis auf die Straße. Wie wir erfuhren, startete an diesem Tag der Vorverkauf für die Champions-League-Spiele, Herthas erstem internationalen Auftritt nach langer Zeit. Der Verein war mit dieser Situation völlig überfordert. Hinzu kamen dann noch kurzfristige Transferverhandlungen, und wir warteten bis zum frühen Abend auf unser Interview. Wir waren froh, dass wir uns für die Nachtfahrt entschieden hatten. So hatten wir wenigstens Zeit zu warten. Am nächsten Vormittag kamen wir dann, wenn auch nicht ganz ausgeschlafen, so doch dank einer eigenen Nasszelle im Schlafwagenabteil frisch geduscht in Leverkusen an.

Wir staunten nicht schlecht, als neben Kurt Vossen auch diverse andere Personen anwesend waren. Scheinbar nahm man die Sache ernst und hatte Verantwortliche aus den Bereichen Ticketing, Stadiontechnik, Stadionsicherheit und Veranstaltungsmanagement dazu geholt. Es galt, diverse Fragestellungen zu beleuchten. Schließlich sollte etwas ganz Neues entstehen, das es in dieser Form noch nirgendwo gab. Schnell wurde deutlich, dass sich Bayer 04 über viele Punkte schon Gedanken gemacht hatte.

Zuerst widmeten wir uns der Frage, welche Art von Übertragungstechnik zum Einsatz kommen sollte. Mangels qualitativ guter Alternativen entschieden wir uns für eine verkabelte Lösung, was bedeutete, dass an jedem Platz ein Kopfhöreranschluss und am Platz des Reporters ein Mischpult mit Mikrofon installiert werden musste. Dies hatte zur Folge, dass die Plätze idealerweise in einer Reihe vor einer Wand eingerichtet werden müssten. Auch hierüber wurde bereits nachgedacht und es wurden passende Sitzplätze ausgesucht. Gemeinsam besichtigten wir die avisierte Reihe, und wir stellten erfreut fest, dass auch an eine gute Infrastruktur gedacht worden war. Die Plätze befanden sich in unmittelbarer Nähe des Eingangs, der Toiletten und der Cateringstände. Sehr wichtig war auch die Frage nach geeigneten Kopfhörern. Sie sollten so beschaffen sein, dass einerseits die Reportage gut zu verstehen ist und andererseits die Stadionatmosphäre gut wahrgenommen werden kann. Auch das Unterhalten mit anderen Stadionbesuchern sollte möglich sein. Wir entschieden uns daher für Kopfhörer, die nur eine Hörmuschel haben und das andere Ohr freilassen.

Da niemand wusste, wie groß die Nachfrage nach Sitzplätzen mit Spielreportage sein würde, legten wir zunächst eine Kapazität von 10 Plätzen mit Kopfhöreranschlüssen fest. Darüber hinaus wurden in der sich vor diesen Plätzen befindlichen Reihe ebenfalls 10 Sitze für die weiterhin erforderlichen Begleitpersonen reserviert. Es war allen klar, dass die Spezialreportage die Mitnahme eines Begleiters nicht überflüssig machen würde. Für die Bewältigung der An- und Abreise sowie Wege zu Toiletten und Cateringständen würde eine sehende Unterstützung weiterhin benötigt. Jedoch musste diese nicht mehr in der Lage sein, dem Blinden oder Sehbehinderten Informationen über das Spiel zu vermitteln. Wir erhofften uns für die zukünftigen Nutzer eine erhebliche Vereinfachung der Begleitersuche.

Nun fehlte aber noch das Wichtigste: Die Reportage selbst. In Manchester wird den blinden Besuchern eine Radioreportage zur Verfügung gestellt. Dies war in Deutschland – glücklicherweise – nicht möglich, da es keine 90-minütige Übertragung gab. So musste etwas Spezielles her, und zwar eine eigene Reportage. Aber wer kam hierfür als Reporter in Frage? Bayer 04 schlug einen pensionierten Fernsehreporter vor. Wir äußerten diesbezüglich Bedenken, weil im Fernsehen das Spiel vom Reporter nicht detailliert beschrieben wird und genau dies ja wichtig ist. Bisher waren wir immer mit Bekannten ins Stadion gegangen, die uns das Spiel geschildert hatten. Dies waren meistens Fußballinteressierte, die teilweise selber im Freizeitsport aktiv waren. Wir schlugen daher vor, im Verein jemanden zu suchen, der im Amateur- oder Jugendbereich tätig ist.

Bezüglich der Ticketmodalitäten einigten wir uns auf ein Vorkaufsrecht für Blinde und Sehbehinderte. Eintrittskarten, die bis 14 Tage vor dem Spieltermin nicht an Nutzer verkauft sind, gehen in den regulären Vorverkauf. So kann gewährleistet werden, dass dem Verein kein unnötiger Verlust durch nicht verkaufte Karten entsteht. Außerdem wurde ein reduzierter Preis für diese Tickets festgelegt. Alle diese Regelungen haben sich bewährt und gelten bis heute.

Sechs Wochen später war es dann soweit: Die Technik war angeschafft und installiert und ein Reporter gefunden. Am Freitag, den 15. Oktober 1999 waren Nina und ich gemeinsam mit einem weiteren Blinden dabei, als beim Spiel Bayer 04 Leverkusen gegen den SSV Ulm 1846 erstmals ein Spiel speziell für Blinde im Stadion reportiert wurde.

Als Reporter hatte sich Burak Yildirim, ein Jungendtrainer von Bayer 04, zur Verfügung gestellt. Wir merkten seiner Reportage sofort an, dass er sehr viel von Fußball verstand und es gewohnt war, sein Wissen an andere weiterzugeben. Burak schuf so die Grundlage für eine qualifizierte Spezialreportage, die fortan als Blindenreportage tituliert wurde.

Wir ahnten damals nicht, dass dies der Anfang einer großartigen Entwicklung werden sollte. Die Philosophie von Bayer 04 Leverkusen, dass Fußball für alle da sein soll, war der Anstoß zu einem ganz neuen Service im Fußball.

11.

Im Sommer 1992 unterschrieb Jupp Heynckes einen Vertrag beim spanischen Erstligisten Athletic Bilbao. Es gelang uns, einen telefonischen Kontakt aufzubauen. Da wir zuhause noch kein Telefon mit Freisprecheinrichtung hatten, uns aber gerne beide am Gespräch beteiligen wollten, holte ich bei meiner Praktikumsstelle die Erlaubnis ein, gelegentlich abends von dort telefonieren zu dürfen. Während eines dieser Gespräche, die wir inzwischen von unserem eigenen Telefon aus führten, lud er uns im Herbst 1993 für ein verlängertes Wochenende nach Spanien ein. In Deutschland waren wir Reisen ohne sehende Begleitperson inzwischen gewöhnt, aber im Ausland waren wir noch nie alleine. Außerdem verstanden wir kaum Spanisch. Herr Heynckes räumte unsere Bedenken aus, indem er versprach, dass uns sein Dolmetscher am Flughafen abholen und sich die gesamte Zeit um uns kümmern würde. Wir hatten das Gefühl, uns auf diese Zusage verlassen zu können und stimmten einer Reise zu zweit zu.

Nina und ich hatten im August ein Praktikum bzw. eine Ausbildung begonnen. Wir befanden uns daher beide noch in der Probezeit und hatten keinen Anspruch auf Urlaub. Nicht zuletzt der Name Jupp Heynckes bewog unsere Arbeitgeber, großzügigerweise eine Ausnahme zu machen. Wir durften einen Tag Urlaub nehmen und mussten den zweiten Tag durch Überstunden erarbeiten.

53

So starteten wir am Freitag, den 01. Oktober 1993 zu unserer ersten unbegleiteten Auslandsreise. Der Flugplan sah vor, dass wir von Hamburg über Frankfurt nach Bilbao fliegen mussten. An den Flughäfen nahmen wir den von den Fluggesellschaften und Betreibern angebotenen Service in Anspruch. Es besteht weltweit die Möglichkeit, sich vom Check-in-Schalter bis zum Flugzeug assistieren zu lassen.

Der Flughafen in Bilbao ist aufgrund seiner Lage sehr windanfällig. Unsere Mägen, durch die Aufregung ohnehin schon sehr gestresst, waren froh, als wir nach einem sehr unruhigen Anflug endlich landeten. Am Flughafen wurden wir wie vereinbart von Otto Tarnow, dem Dolmetscher von Herrn Heynckes abgeholt. Er brachte uns zunächst zu unserem in Getxo direkt am Atlantik gelegenen Hotel. Getxo ist ein von den wohlhabenden Bewohnern Bilbaos bevorzugter Vorort, der durch eine Flussmündung von der Stadt getrennt ist. Die Bewohner Getxos betrachteten die in Bilbao lebenden Industriearbeiter lange Zeit als eine Art Bedrohung, weshalb es als Flussquerung nur eine Schwebefähre gab, die man im Notfall hätte kappen können.

Da an der Küste sehr regnerisches Wetter war, schlug Otto vor, zu den in den nahe gelegenen Bergen liegenden Stauseen zu fahren, weil er hoffte, dass dort das Wetter etwas besser sei. Wenn man in dieser Region Nordspaniens von der Küste wenige Kilometer landeinwärts fährt, befindet man sich bereits mitten im Gebirge auf 1.000 m Höhe. Wir fuhren dort oben einige Zeit umher, konnten die Stauseen aber nicht finden. Wenigstens regnete es nicht und wir beschlossen, einen Spaziergang durch den Wald zu einer Aussichtsplattform zu machen. Die Gegend wirkte völlig menschenleer. Plötzlich entdeckten wir am Weg ein verlassenes Auto. Zu unserem Erstaunen war Otto etwas beunruhigt, ging aber weiter. Als der Wagen auf unserem Rückweg immer noch dort stand, meinte er, dass wir vorsichtshalber schnell verschwinden sollten. Man wisse nie … Auf unsere Nachfrage erklärte er uns die Situation: Im Baskenland agierte zu dieser Zeit noch die Separatistenorganisation ETA, die für ein unabhängiges Baskenland kämpfte. Es kam hin und wieder auch noch zu Anschlägen. Ein im Wald stehendes Auto war irgendwie etwas verdächtig. Wir machten uns schleunigst auf den Rückweg, zumal es bereits dunkel wurde.

Am Abend hatte Herr Heynckes eine Einladung zu einem offiziellen Essen mit dem deutschen Konsul und dem Präsidenten von Athletic Bilbao. Er nahm uns zu diesem Termin mit, um ein bevorstehendes Problem zu lösen: Am Sonntag sollten wir gemeinsam mit Otto das Spiel der Primera Division gegen Real Saragossa besuchen. Otto verfolgte die Spiele normalerweise von der Ehrentribüne aus. Dort hatten aber traditionell Frauen keinen Zutritt. Herr Heynckes hoffte nun, dass er bessere Chancen auf eine Ausnahmegenehmigung vom Präsidenten bekäme, wenn er uns ihm beim Abendessen persönlich vorstellte. Und so erlebten wir einen netten Abend in illustrer Runde.

Da Otto am Samstag zunächst noch seinem eigentlichen Job nachgehen musste, Herrn Heynckes bei der Abschlusspressekonferenz zu übersetzen, konnten wir erst gegen Mittag unseren nächsten Ausflug starten. In Getxo war wieder schlechtes Wetter und so versuchten wir es erneut im Gebirge. Wir kamen aber nicht weit. Auf einer Fernstraße mitten auf einem Hochplateau stotterte plötzlich der Motor von Ottos Auto und er konnte gerade noch auf den Randstreifen fahren. Otto sagte, dass er nun den Kofferraum und die Motorhaube öffnen müsse, damit jeder sieht, dass wir eine Panne haben. Ein Warndreieck war scheinbar unbekannt. Nun saßen wir frierend bei feuchtkühlem Wetter im zugigen Auto, und Otto offenbarte uns das nächste baskische Problem: Wegen der Angst vor Anschlägen hält niemand an, um zu helfen, es sei denn, er kennt dich oder arbeitet bei der Polizei. Seit dem typisch spanischen, nicht sehr üppigen Frühstück im Hotel hatten wir nichts mehr gegessen. Zum Glück hatte Otto vor der Abfahrt einige regionale Knabbereien wie geröstete Sonnenblumenkerne besorgt.

Nach gefühlten 10 Stunden, was aber nur wenige gewesen sein können, hielt doch tatsächlich ein Auto an. Es war ein Bekannter von Otto, der mit seiner Familie auf dem Weg nach Pamplona war. Er erklärte sich bereit, im nächsten Ort einen Abschleppwagen und die Polizei zu benachrichtigen. Mehr konnte er nicht für uns tun, da er nicht in unsere Richtung fuhr. Nach einer weiteren Ewigkeit kamen dann ein Abschleppwagen und ein Polizeifahrzeug. Otto musste als Eigentümer des Autos auf dem Abschleppwagen mitfahren. Für Ottos Frau, die nur Spanisch sprach und für uns blieb nur die Möglichkeit, mit der Polizei zu einer Werkstatt in der nächstgelegenen Stadt Vitoria zu fahren, wohin auch das Auto gebracht werden sollte. Wir fühlten uns hilflos, weil wir uns mit keinem der Mitfahrer verständigen konnten. Nach einer Weile traf dann auch Otto mit seinem Auto bei der Werkstatt ein, und es stellte sich heraus, dass wir keine Panne, sondern nur keinen Diesel gehabt hatten.

Als wir abends wieder am Hotel ausstiegen und Otto um sein Auto ging, stellte er auch noch fest, dass er einen platten Reifen hatte. Abends beim Essen versprachen wir uns, dass wir Herrn Heynckes nichts von unserem Abenteuer erzählen würden. Nach diesem Tag schmeckte uns der gehaltvolle typische Nachtisch – geschlagene Sahne mit Walnüssen und Honig – richtig gut.

Am Sonntag war das Wetter auch nicht besser. Wir unternahmen aber keinen Ausflug mehr in die Berge, da wir nachmittags rechtzeitig im Stadion sein mussten. Nach einem ausgiebigen Frühstück bei Otto zuhause machten wir nur einen Spaziergang am Meer, von dem wir aufgrund des andauernden dichten Sprühregens durchnässt zurückkamen. Da machte es sich bezahlt, dass Herr Heynckes kurz nach seinem Amtsantritt allen Mitarbeitern des Vereins einen Fön geschenkt hatte, damit sie nicht immer alle mit nassen Haaren durch die Gegend laufen.

Am Nachmittag waren wir dann die ersten Frauen, die in der Vereinsgeschichte von Athletic Bilbao ein Spiel von der Ehrentribüne aus verfolgten. Die anwesenden Herren behandelten uns sehr höflich und zuvorkommend.

Beim Abendessen fragte uns Jupp Heynckes als erstes nach unserem Erlebnis vom Vortag. Otto hatte es also doch nicht für sich behalten können.

Otto fuhr mit uns am Montagvormittag zum Flughafen. Leider hatte unser Flug Verspätung. Da er uns nicht alleine sitzen lassen wollte, war er nicht rechtzeitig zurück am Vereinsgelände, wo Herr Heynckes einen Interviewtermin für einen Radiosender hatte. So kam es, dass er wegen uns sein erstes Interview auf Spanisch ohne Dolmetscher geben musste.

Bei dieser erlebnisreichen Reise in eine touristisch kaum erschlossene Region lernten wir viel über Land und Leute. Für uns persönlich brachte sie die Erkenntnis, dass auch Reisen ins Ausland möglich sind, wenn sich vor Ort jemand um uns kümmert. Ohne das Engagement von Jupp Heynkkes hätten wir diese wichtige Erfahrung möglicherweise nie gemacht.

12.

Seit dem ersten Fanclubtreffen im Herbst 1992 war die Mitgliederzahl erfreulicher Weise erheblich gestiegen. Dies war hauptsächlich auf den Einsatz der Gründungsmitglieder zurückzuführen, die viele Sehbehinderte und Blinde in ihrem Umfeld für den Fanclub begeistern konnten. Zur zweiten Veranstaltung Anfang November 1993 meldeten sich bereits fast doppelt so viele Mitglieder an wie zur ersten.

Auch dieses Mal empfahlen wir allen Teilnehmern Zugverbindungen für die An- und Abreise, damit wir die Abholung am Bahnhof organisieren konnten. Da der Münchner Hauptbahnhof ein Kopfbahnhof ist, und so alle Gleise in der Bahnhofshalle enden, baten wir die Ankommenden, auszusteigen und auf dem Bahnsteig bis zur Lokomotive zu gehen. So hatten wir einen eindeutigen Treffpunkt und mussten unsere Helfer nicht zum Suchen auf dem gesamten Bahnsteig schicken. Als nun der ICE aus Richtung Hamburg einfuhr, mit dem mehrere Mitglieder ankommen sollten, warteten wir vergebens an der Lokomotive an der Spitze des Zuges. Nach einiger Zeit begannen wir, uns Sorgen zu machen und schickten einen Begleiter auf die Suche. Nach einer uns endlos erscheinenden Zeit kam er mit den Vermissten, und alles klärte sich auf: Sie waren wie vereinbart zur Lokomotive gegangen und hatten dort gewartet – aber am falschen Ende des Zuges. Damals waren ICEs noch sehr neu, und wir hatten überhaupt nicht berücksichtigt, dass diese an jedem Zugende eine Lokomotive haben. Hätte es damals schon Handys gegeben, wäre das nicht passiert.

Der Programmablauf war ähnlich wie beim ersten Treffen, weil viele Neue dabei waren und wir auch denen einmal die Highlights präsentieren wollten. Als Gesprächsgast war Samstagabend Christian Nerlinger anwesend, der damals beim FC Bayern spielte.

Die Mitgliederstruktur des Fanclubs hatte sich im Laufe der Zeit geändert. Neben vielen Bayernfans waren auch immer mehr Fans anderer Vereine eingetreten, was uns veranlasste, uns bei der Auswahl der Interviewpartner für Blickpunkt FC Bayern immer mehr auf interessante Persönlichkeiten des gesamten Fußballgeschäfts zu konzentrieren. Ewald Lienen, Trainer des Bundesligisten MSV Duisburg, war schon als Spieler dafür bekannt gewesen, dass er eine eigene Meinung auch zu politischen Dingen hatte und auch zu dieser stand und sie vertrat. Volker Finke interessierte als Trainer des gerade erst aufgestiegenen kleinen Vereins SC Freiburg.

Für Dezember planten wir wieder einmal eine Rundreise und versuchten, diese zwei Wunschinterviews zu realisieren. In Freiburg erhielten wir einen Termin für freitagmorgens. Wir buchten uns eine Liegewagenfahrt von Hamburg nach Freiburg. Beim MSV Duisburg baten wir um einen Termin am gleichen Tag in Stuttgart, wo der MSV am Samstag zu Gast war. Die Verantwortlichen stimmten zu, allerdings nicht in Stuttgart, sondern in Steinenbronn, wo die Mannschaft vor dem Spiel übernachtete. Wir hatten noch nie von diesem Ort gehört, fanden außerdem zu unserem Leidwesen heraus, dass es dort keinen Bahnhof gab.

Ich bat meine Eltern, im Autoatlas nachzusehen, welches die nächste Bahnstation sei. Von dort wollten wir dann mit dem Taxi nach Steinenbronn fahren.

Da wir am Samstag eine Freundin in Kassel besuchen wollten, planten wir, von Freitag auf Samstag in Stuttgart zu übernachten. In Bilbao hatten wir die Erfahrung gemacht, dass wir sogar im Ausland in einem Hotel zurechtkommen. Warum sollte das dann nicht auch in Deutschland klappen?

Seit kurzem hatte jeder von uns einen eigenen privaten Computer. Internet hatten wir zwar noch nicht, aber ein Programm, mit dem man sich Hotels aus einer, auf einer Diskette gespeicherten Datenbank heraussuchen konnte. Wir buchten uns also in Stuttgart ein Hotel.

Jetzt fragen Sie sich sicherlich, wie Blinde und Sehbehinderte einen Computer bedienen können. Für Blinde gibt es ein Zusatzgerät, eine so genannte Braillezeile. Hier wird eine Bildschirmzeile durch kleine elektronische Stiftchen in Blindenschrift dargestellt. Dieser Bildschirmausschnitt ist verschiebbar bzw. wandert mit der Schreibposition mit. Darüber hinaus gibt es eine synthetische Sprache, die Bildschirminhalte vorliest. Sehbehinderte nutzen eine spezielle Software, mit der sich die Darstellung auf dem Monitor an die Bedürfnisse anpassen lässt. Schriftgröße und Farben lassen sich beliebig verändern. So können Blinde und Sehbehinderte beruflich und privat die meisten Computeranwendungen nutzen.

Nun zurück zu unserer geplanten Reise. Alles schien geklärt, aber es kam anders: Am Mittwoch sagten die Freiburger das für Freitagvormittag vereinbarte Interview ab. Wir wollten nur ungern auf den Termin verzichten und schlugen daher eine Verschiebung auf den folgenden Mittwoch vor. Eigentlich hatten wir am Dienstag von München nach Hause fahren wollen, aber ein Umweg über Freiburg war zeitlich möglich.

Da wir unsere Fahrkarte von Hamburg nach Freiburg nicht mehr umtauschen konnten, mussten wir zunächst nach Freiburg fahren, um dort in den nächsten Zug nach Stuttgart zu steigen. Vom Hauptbahnhof fuhren wir dann mit der S-Bahn nach Leinfelden-Echterdingen, dem laut Autoatlas nächsten Bahnhof von Steinenbronn. Dort angekommen suchten wir vergebens eine Telefonzelle, von wo aus wir ein Taxi rufen konnten. Das einzige Telefon befand sich bei einem Kiosk in der Nähe. Zu unserem Entsetzen sagte das örtliche Taxiunternehmen, dass sie uns frühestens in einer Stunde einen Wagen schicken könnten. Das war für uns viel zu spät. Wir versuchten es bei der Stuttgarter Taxizentrale, die uns mitteilte, dass sie für Fahrten außerhalb des Stadtgebietes nicht zuständig seien. Erst nach vielem Bitten und Betteln machte sie eine Ausnahme und schickte uns ein Taxi. Als wir endlich am Gasthof in Steinenbronn ankamen und mangels einer Rezeption die erste Hotelangestellte, die wir in der Gaststätte fanden, mit unserem Anliegen konfrontierten, meinte diese: „Einen Herrn Lienen haben wir hier nicht." Wir konnten es nicht glauben: Sollte der ganze Aufwand umsonst gewesen sein? Als wir dann aber sagten, dass es sich um den Trainer des MSV Duisburg handele, ging ihr ein Licht auf und wir bekamen unser Interview.

Am folgenden Dienstag kamen wir nach Zwischenstopps in Kassel und München erneut in Freiburg an. Dieses Mal fuhren wir jedoch in unser Hotel und nicht mit dem nächsten Zug wieder zurück. Im Hotel erkundigten wir uns nach dem Weg zur Schwarzwaldstraße 193, der Geschäftsstelle des SC Freiburg. Die Angestellten sagten uns, dass wir nur die Straße vor dem Hotel entlang gehen müssten, dann kämen wir direkt zur Schwarzwaldstraße. Das hörte sich ja nicht schwierig an, und wir machten uns zu Fuß auf den Weg. Als wir an der Schwarzwaldstraße ankamen, befanden wir uns bei Hausnummer 99; bis zu Nummer 193 konnte es ja nicht allzu weit sein. Da hatten wir uns aber getäuscht. Die einzelnen Grundstücke, teilweise Gewerbebetriebe, waren so groß, dass wir 45 Minuten unterwegs waren und dadurch natürlich auch zu spät kamen. Als wir die Geschäftsstelle betraten, fanden wir uns in einem Raum wieder, in dem kaum zehn Menschen Platz hatten und wo Volker Finke persönlich hinter einer Ladentheke stand und Eintrittskarten verkaufte. Er schlug vor, für das Interview in den VIP-Raum des Stadions zu gehen, weil dort mehr Ruhe und Platz sei. Wir betraten einen kahlen, gefliesten, ungeheizten Raum, wo in einer Ecke Tische und Stühle gestapelt waren. Dies entsprach nun so gar nicht dem, was die Allgemeinheit sich unter einem VIP-Raum vorstellt. Herr Finke holte einen Tisch und drei Stühle und wir führten unser Interview. Diese unkomplizierte Art und das improvisierte Ambiente machten den SC Freiburg sehr sympathisch.

Auf dieser Reise hatten wir gelernt, dass jeder Ort in Deutschland erreichbar ist, wenn man sich vorher gut informiert.

Außerdem wussten wir jetzt, dass wir bei der Auswahl von Unterkünften sehr flexibel sein konnten, da sowohl Pensionen als auch Hotels für uns machbar waren.

13.

Im Sommer 1994 stand das dritte Fanclub-Treffen an. Nach zwei ähnlichen Programmen musste etwas Neues her. Wir entschieden daher gemeinsam mit Stephan Roth, die Veranstaltung im Umfeld des Trainingsauftaktes des FC Bayern Anfang Juli auszurichten. Neu war dieses Mal, dass wir nicht nur anderen beim Sport treiben zusahen, sondern auch selber aktiv waren. Allerdings hielt sich die Aktivität in der Sporthalle und abends auf einem Trainingsplatz am Vereinsgelände des FC Bayern aufgrund der sehr heißen Witterung in Grenzen. Unsere Kondition reichte aber aus, um ein wenig Gymnastik und einige Experimente mit Bällen zu machen. Für manche Teilnehmer waren dies ganz neue Erfahrungen, weil es gerade Blinden oft an Möglichkeiten mangelt, sich zu bewegen.

Am Sonntagvormittag fand dann die erste Mitgliederversammlung der Vereinsgeschichte statt. Da inzwischen immer mehr Fußballinteressierte eingetreten waren, die nicht mit dem FC Bayern sympathisierten, wurde beschlossen, sich formal von den Bayern zu lösen und die Clubzeitung in „Blickpunkt Fußball" umzubenennen.

Zu Beginn der Saison 1994/1995 kehrte Jupp Heynckes als Trainer in die Bundesliga zurück. Am 01. Juli nahm er seine Arbeit bei Eintracht Frankfurt auf. Stephan Roth und uns war sofort klar, dass wir versuchen würden, die nächste Fanclub-Veranstaltung in Frankfurt durchzuführen und Jupp Heynckes mit ins Boot zu holen.

Der Vereinswechsel und der damit verbundene Umzug eines Trainers hatte immer zur Folge, dass wir zunächst keine Kontaktdaten mehr hatten. Ein guter Grund, dem Training der Eintracht einen Besuch abzustatten. Um jedoch den unbekannten Weg nicht unter Zeitdruck suchen zu müssen, entschieden wir uns für einen „Probedurchgang" außerhalb der Trainingszeiten.

Da wir davon ausgingen, häufiger nach Frankfurt fahren zu wollen, besorgte ich mir zunächst einen Stadtplan, um mir einen Überblick über die Stadt und das Netz des öffentlichen Nahverkehrs zu verschaffen. Über unser Computerprogramm suchten wir uns ein günstig gelegenes Hotel und machten uns auf den Weg. Bis zur richtigen Straßenbahnhaltestelle kamen wir ohne Problem. Als wir dort aber an einem Übergang die Schienen überqueren wollten, trauten wir uns nicht weiter: An Masten befanden sich dort in Bauchhöhe gelbe Kästen, von denen ein tickendes Geräusch ausging. Wir kannten so etwas nicht und zögerten. Erst als wir die Kästen näher in Augenschein nahmen, stellten wir fest, dass es sich um ein uns unbekanntes Modell von Blindenampel handelte. Der weitere Weg gestaltete sich unproblematisch. Die nächste positive Überraschung bot sich uns am Trainingsgelände, als wir entdeckten, dass der Trainingsplatz nicht wie beim FC Bayern von einem riesigen Zaun umgeben war – sehr fanfreundlich.

Bei unseren späteren Trainingsbesuchen erfuhren wir, dass es an Trainingsgeländen nicht nur die obligatorischen Rentnergrüppchen, sondern auch andere skurrile Personen gab.

Wir lernten Jelena kennen, eine junge Frau, die formal in Frankfurt studierte, die meiste Zeit aber am Vereinsgelände der Eintracht verbrachte. Als wir sie kennen lernten, stellte sie sich als Mannschaftsbetreuerin vor. Sie bot uns an, immer behilflich zu sein, wann immer wir etwas benötigten. Was das betrifft, hat sie größtenteils Wort gehalten. Worin ihre Art von Mannschaftsbetreuung bestand, erfuhren wir nach und nach. Zunächst ging es ihr darum, im Glauben an Gott geistlich für die Mannschaft da zu sein. Um die Geschicke besser lenken zu können, suchte sie nach Zeichen in ihrer Umgebung. Drei aufeinander folgende grüne Autos konnten ein Zeichen dafür sein, dass die Eintracht mindestens drei Tore im nächsten Spiel schießen und hoffentlich auch das Spiel gewinnen würde. Ein dreckiges Taschentuch auf dem Boden konnte ein Orakel dafür sein, dass einer der Spieler sich beim nächsten Einsatz verletzen würde. So ungewöhnlich Jelena doch war, erwies sie sich als Begleiterin im Stadion und auch als Begleiterin beim Clubtreffen als eine zuverlässige Helferin. Ob sie ihr Studium je beendet hat und ob die Mannschaft mit dieser Art der Betreuung irgendetwas anfangen konnte, erfuhren wir nie.

Im Dezember zog es uns wieder einmal nach München. Dieses Mal allerdings zum TSV 1860. Wir hatten Anke auf einer Tagung einer Selbsthilfegruppe kennengelernt. Sie wohnte auf der Nachbarschaft eines Spielers der 60er und versprach, uns ein Interview zu vermitteln. Der Termin mit Bernhard Trares sollte im Anschluss an ein Bundesligaspiel im VIP-Bereich des Stadions an der Grünwalder Straße stattfinden. Herr Trares kam vereinbarungsgemäß zu uns, doch es gab ein Problem: Im VIP-Bereich war es für die Aufnahme des Interviews mit der uns zur Verfügung stehenden Technik zu laut. Herr Trares begab sich auf die Suche nach einem ruhigen Plätzchen, fand aber nur einen kleinen Windfang am Hinterausgang. Hier ließen wir uns auf vier Kunststoffgartenstühlen nieder. Plötzlich ging die Tür auf und ein Reporter vom Bayrischen Fernsehen wollte diesen Ausgang benutzen. Herr Trares ließ sich nicht stören und meinte nur ganz trocken: „Sie können hier jetzt nicht durch. Ich gebe gerade ein Interview."

Zeugen einer Kuriosität wurden wir im April 1995, als wir das Spiel Eintracht Frankfurt gegen Bayern München besuchten. Das Spiel lief schlecht für die Eintracht und schnell war klar, dass die Bayern diese Begegnung gewinnen würden. Als schon viele Zuschauer das Stadion weit vor Abpfiff verlassen hatten, machte plötzlich ein Gerücht die Runde: Die Bayern haben einen Wechselfehler begangen. Sie haben zu viele Amateure eingesetzt. Das Gerücht bestätigte sich noch vor dem Abpfiff. Damit war klar, dass die Partie im Nachhinein am grünen Tisch für die Frankfurter gewertet werden würde. Als wir diese Information nach dem Spiel in der S-Bahn weitergaben, wollten es die Zuschauer, die frühzeitig das Stadion verlassen hatten zunächst gar nicht glauben. Ein verlorenes Spiel brachte doch noch Punkte.

Im Mai 1995 sollte das vierte Fanclub-Treffen in Frankfurt stattfinden. Nur wenige Wochen vor dem geplanten Termin legte Jupp Heynckes sein Traineramt bei der Eintracht nieder. Wir diskutierten gemeinsam mit Stephan Roth, was nun zu tun sei, entschieden uns aber, alles wie vorgesehen durchzuführen. Eigentlich gab es keinen Anreiz mehr, sich in Frankfurt zu treffen, aber eine Verlegung erschien auch nicht sinnvoll.

Trotz allem gelang es uns gemeinsam, ein abwechslungsreiches Programm zu organisieren. Am Freitagabend widmeten wir uns einem neuen Thema: Lutz Meindl, Physiotherapeut bei der Eintracht, stellte uns mit viel Engagement sein Arbeitsgebiet vor. Dem Einsatz von Herrn Roth war es zu verdanken, dass wir als Highlight des Wochenendes am Samstagabend das „Aktuelle Sport-Studio" besuchen durften. Als Gegenleistung mussten wir uns jedoch für einen kurzen Bericht zur Verfügung stellen, was manchem Teilnehmer nicht gefiel. So mussten wir z. B. das Aussteigen aus unserem Bus mehrmals wiederholen, bevor es den Kameraleuten recht war. Alles in allem war der Besuch beim ZDF aber durchaus interessant.

14.

„Eckball für Bayer Leverkusen von der rechten Seite und deswegen kann Castro den Ball jetzt mit seinem rechten Fuß hereinbringen. Und da ist natürlich die Kopfballprominenz wieder vorne. Castro läuft an, bringt den Ball rein, Kopfball in der Mitte – Ballack – Latte!!!"

Heute interessiert sich kein Medienvertreter für die Plätze mit Spielreportage. Das war besonders in der Anfangsphase anders. Hauptsächlich zu den Spielen der ersten Saison kündigten sich immer wieder Reporter von Presse, Rundfunk und Fernsehen an. Dies führte gelegentlich zu einer Missstimmung bei den Blinden und Sehbehinderten, weil manche Journalisten ihre Fragen unbedingt während des Spiels stellen wollten und so die Besucher störten. Leider fehlt auch vielen Fotografen das Verständnis dafür, dass Menschen mit Sehschädigung darüber informiert werden möchten, wenn sie fotografiert werden sollen. Sehende bemerken die Kamera und wissen dadurch, dass sie im Bild sind.

Leider führte die meist regionale Medienpräsenz nicht dazu, dass die anderen Profiklubs die Idee von Bayer Leverkusen nachahmen wollten. Eher im Gegenteil: Herr Vossen, der Vater des Projektes, mit dem wir uns häufig im Umfeld der Spiele zu Lagebesprechungen trafen, berichtete uns, dass die anderen Vereine Bayer eher belächelten wegen des Einsatzes für eine so kleine Gruppe. Es ist dem unermüdlichen Einsatz von Kurt Vossen zu verdanken, dass einige wenige

Vereine in den folgenden Jahren nachzogen. Er erzählte jedem Vertreter eines anderen Vereins, ob er es hören wollte oder nicht, wie wichtig solche Angebote sind.

Der VfL Wolfsburg, der für seinen Stadionneubau viele Erfahrungen und Details aus der BayArena übernahm, richtete kurz nach der Stadioneröffnung ebenfalls 10 Blindenplätze mit verkabelten Anschlüssen ein. Zur Reportersuche schaltete der Verein eine Anzeige in der lokalen Presse. Aus den Bewerbern wurde dann der bis heute aktive Reporter ausgewählt.

Der FC Schalke 04 wählte für seine 2001 eingerichteten Plätze mit Spielreportage eine funkgesteuerte Übertragungstechnik, bei der das Mikrofon des Reporters an einen Sender und die Kopfhörer der Nutzer an einen Empfänger angeschlossen werden. Diese Technik war damals noch nicht so ausgereift, so dass die Übertragung störungsanfällig war. Die Qualität der auf dem Markt angebotenen Funkanlagen verbesserte sich aber schnell, so dass fast alle später in Betrieb gegangenen Projekte eine Übertragungstechnik per Funk wählten. Der Vorteil gegenüber der verkabelten Anschlüsse ist die große Flexibilität. Das Funksignal reicht über mehrere Reihen, und die Anlage kann problemlos um zusätzliche Empfangsgeräte erweitert werden.

Beim Hamburger SV entschied man sich für die Übertragung per Infrarot. Diese bewährte sich jedoch überhaupt nicht. Bei dieser Technik darf sich nichts zwischen Sender und Empfänger befinden, was in einem Stadion, wo Zuschauer aufstehen und herumlaufen, nicht zu gewährleisten ist. Solche Anlagen eignen sich für Kinos, wo alle auf ihren Plätzen sitzen bleiben. Die Reportage stellte der HSV auf wissenschaftliche Beine. Man gewann einen Dozenten, der ein Seminar im Fachbereich Sportjournalistik speziell für die Reportage an Plätzen für Blinde und Sehbehinderte konzipierte. Aus den Studenten rekrutierten sich dann die Reporter.

Von diesen drei technischen Möglichkeiten hat sich klar die Funktechnik durchgesetzt. Die meisten Modelle sind akkubetrieben und können so überall im Stadion genutzt werden. Die Vereine sind also bei der Auswahl der Plätze für Blinde und Sehbehinderte nicht auf vorhandene Stromquellen angewiesen.

15.

Die Saison 1995/1996 führte uns in die zweite Bundesliga zu Hannover 96. Egon Coordes, zu dem wir seit seinem Engagement beim Hamburger SV einen lockeren Kontakt pflegten, hatte dort als Trainer unterschrieben. Auch hier mussten wir zunächst wieder zum Training fahren, um uns die aktuellen Kontaktdaten zu besorgen. Mit der Erkundung neuer Wege in fremden Städten hatten wir ja inzwischen eine gewisse Übung.

Auf der Suche nach neuen Inhalten für „Blickpunkt Fußball" stießen wir auf das Thema Fanprojekte. Pina, ein Mitglied des Fanclubs, hatte im Rahmen ihres Studiums eine Arbeit hierüber geschrieben und konnte uns einen Ansprechpartner in Hannover nennen. Wir vereinbarten ein Interview und nutzten die Gelegenheit, vorher beim Training von Hannover 96 vorbeizuschauen. Dort erzählte uns Egon Coordes, dass er abends zu einer Diskussionsrunde beim Fanprojekt eingeladen war. Im Umfeld des Interviews erfuhren wir, dass einige Mitarbeiter große Vorbehalte gegen die Person Coordes hatten. Wir fühlten uns verpflichtet ihm dies zu berichten, was dazu führte, dass er einfach gar nicht zu diesem Gespräch gehen wollte. Nur mit Mühe konnten wir Herrn Coordes davon überzeugen, dass dieses Verhalten sein Image weiter verschlechtern würde.

Ende September fuhren wir freitagnachmittags nach Nürnberg, wo Hannover 96 abends zu einem Ligaspiel antrat.

Wir hatten mit Herrn Coordes vereinbart, dass wir per Taxi vom Bahnhof zum Stadion kommen sollten. Dort bekämen wir dann am Mannschaftsbus unsere Eintrittskarten und könnten dann gemeinsam mit seinem Sohn das Spiel von der Tribüne aus verfolgen. So weit – so gut. Wir fuhren zum abgesprochenen Treffpunkt, wo uns ein Mannschaftsbetreuer von Hannover 96 zwei Karten in die Hand drückte und verschwand. Nun standen wir ohne sehende Begleitung mit unserem Wochenendgepäck in den Katakomben des Frankenstadions. Wir konnten weder Kontakt zu Coordes' Sohn aufnehmen, der sich irgendwo im Stadion befand, noch konnten wir alleine auf die Tribüne gehen. Den Weg zu unseren Plätzen hätten wir nie gefunden, und vom Spiel hätten wir ohne Begleitung auch nichts mitbekommen. Wir baten daher einen Ordner, einen Vertreter von Hannover 96 zu holen, damit wir das weitere Vorgehen besprechen könnten. Dies war eine Stunde vor Spielbeginn natürlich eigentlich unmöglich, ließ sich aber nicht vermeiden. Schließlich kam Frank Hartmann, der Sportkoordinator von Hannover 96. Er ließ unser Gepäck in den Mannschaftsbus bringen und bat uns mitzukommen. Ehe wir uns versahen, saßen wir neben den Auswechselspielern auf der Bank. Dies bemerkte schnell ein Vertreter des DFB (Deutscher Fußball-Bund), der darauf hinwies, dass dies nicht gestattet sei. Darauf erwiderte Herr Coordes, dass der Offizielle uns ja mit auf die Tribüne nehmen und sich um uns kümmern könne. Dies wurde abgelehnt, woraufhin Egon Coordes einfach bestimmte, dass wir dann eben auf der Bank bleiben. So etwas wäre heute nicht mehr denkbar.

Das Spiel verlief überraschend gut für 96, und am Ende waren wir beim einzigen Auswärtssieg der Saison hautnah dabei. Es war ein ganz besonderes Erlebnis, nach dem Schlusspfiff mitten zwischen den jubelnden und sich umarmenden Spielern und Betreuern zu sein.

Anschließend ging es zum späten gemeinsamen Abendessen mit der Mannschaft. Nachdem die Spieler sich zum Feiern Richtung nächstgelegener Diskothek verabschiedet hatten, begossen wir gemeinsam mit dem Trainerstab und einigen Offiziellen bis spät in die Nacht das deftige bayrische Essen und den Sieg.

Am nächsten Morgen wollten wir mit Egon Coordes gemeinsam nach München fahren und abends das Oktoberfest besuchen. Um 7:30 Uhr wurden wir von unserem Telefon aus dem Schlaf gerissen und Herr Coordes meinte: „Ich habe ausgeschlafen. Wenn ihr mit nach München wollt, müsst ihr euch beeilen." Völlig verkatert nach nur wenigen Stunden Schlaf machten wir uns auf den Weg. Zum Oktoberfestbesuch kam es wegen der allgemeinen Müdigkeit jedoch nicht mehr.

Drei Wochen später spielte der FC Bayern beim FC St. Pauli, und wir hatten geplant, die Gelegenheit zu nutzen, Interviews für „Blickpunkt Fußball" zu führen. Leider erhielten wir jedoch kurzfristig eine Absage. Da der Freitagabend nun frei war, riefen wir Egon Coordes an und fragten, ob wir zum Spiel nach Wattenscheid kommen könnten. Wir trafen die gleiche Vereinbarung wie in Nürnberg. Unglücklicherweise unterlief mir beim Fahrplanlesen ein Fehler und der anvisierte Zug fuhr an diesem Tag nicht. Wir mussten eine Stunde später fahren und waren daher erst 30 Minuten vor Anpfiff in Bochum, dem Wattenscheid nächstgelegenen IC-Bahnhof. Da Wattenscheid ein Ortsteil von Bochum ist, dachten wir, dass ein Taxi uns problemlos und schnell zum Stadion bringen würde. Der Fahrer hatte aber leider keine Ahnung, wo sich das Lohrheidestadion befand. Nach einer Irrfahrt durch Wattenscheid kamen wir erst mit Anpfiff am Stadion an. Der Ordner, den wir baten, uns jemanden von Hannover 96 zu holen, meinte, dass dies wegen des laufenden Spiels nicht möglich sei. Nach einigem Zögern forderte er uns auf, ihn zu begleiten. Der einfachste Weg zur Klärung der Angelegenheit schien für ihn zu unserer Erleichterung der zur Ersatzbank zu sein, wo man uns gleich dabehielt. Leider brachten wir bei diesem Spiel kein Glück – Hannover 96 verlor mit 1:5. Bei diesem Spiel erlebten wir, wie schnell ein Wechselfehler passieren kann. In der Hektik der Partie winkte Herr Coordes einen Ersatzspieler und einen Spieler vom Feld zu sich heran. Gerade noch rechtzeitig bemerkte ein Mannschaftsbetreuer, dass dieser Wechsel zu unerlaubt vielen ausländischen Spielern auf dem Feld geführt hätte und stoppte im allerletzten Moment die Aktion. Es wäre nicht der erste Fehler dieser Art im deutschen Fußball gewesen. Seit Einführung des vierten Offiziellen, der ausschließlich für die Einhaltung der Regeln bei den Ersatzbänken zuständig ist, sind solche Pannen ausgeschlossen.

Anfang November fuhren wir bei herbstlichem Wetter nichtsahnend nach München, um am nächsten Tag das Spiel zwischen der SpVgg Unterhaching und Hannover 96 zu besuchen. Als wir in München aus dem Zug stiegen, standen wir mitten im Winter. Bereits während der Fahrt waren uns aufgrund der sich verschlechternden Witterung Zweifel gekommen, ob das Spiel würde stattfinden können. Da wir noch keine Handys hatten, konnten wir aber von unterwegs nichts klären. Erst im Hotel erfuhren wir telefonisch von Herrn Coordes, dass das Spiel wegen schlechter Platzverhältnisse abgesagt worden war. Der Weg war also vergeblich. Glücklicherweise ist uns Ähnliches seitdem nicht wieder passiert.

Zum Spiel von Hannover 96 beim MSV Duisburg hatten wir uns dann den Sohn von Bekannten als Begleitperson organisiert. Leider konnte er uns aber aus zeitlichen Gründen nicht im Mannschaftshotel, wo wir übernachtet hatten, abholen. Egon Coordes war nicht damit einverstanden, dass wir alleine mit öffentlichen Verkehrsmitteln zum Stadion fahren wollten und bestand darauf, dass wir mit dem Mannschaftsbus mitführen. Auch dies ist eine absolute Besonderheit, weil die Spieler sich auf die anstehende Partie konzentrieren müssen und nicht von Fremden dabei gestört werden sollen. Am Stadion holte unser Begleiter uns dann am Bus ab und wir verfolgten die 0: 4-Niederlage ordnungsgemäß von der Tribüne aus. Da sowohl die Mannschaft als auch wir nach dem Spiel per Bahn Richtung Norden fahren mussten, wurden wir auch mit zum Bahnhof genommen. Das Zusammensein mit den Spielern nach einer Niederlage war für uns noch neu. Wir wussten nicht, wie wir uns am besten verhalten sollten, hielten uns aber einfach zurück und sprachen niemanden an. Auf dem Bahnhof erwartete uns dann wiederum eine neue Situation. Als wir gemeinsam mit dem Tross von 96 zum Zug gingen, wurde die Gruppe von enttäuschten, mitgereisten Hannoveraner Fans angepöbelt und beschimpft. Obwohl wir ja nichts direkt mit dem Verein zu tun hatten, fühlten wir uns dazugehörig und mit angesprochen. Ein solches Gefühl haben wir als Fußballfans nie wieder gehabt. Gemeinsam gewinnen ist das eine – gemeinsam verlieren das andere.

16.

Das jährliche Wochenendtreffen der Fanclub-Mitglieder hatten alle lieb gewonnen. Leider konnte Stephan Roth uns aufgrund seines veränderten Arbeitsgebietes nicht mehr bei der Organisation unterstützen. Deshalb ergriffen wir die Gelegenheit, die sich ergab, als Egon Coordes den Fanclub für einen Nachmittag nach Hannover einladen wollte. Es gelang uns, ihn davon zu überzeugen, dass die Mitglieder nicht für einige Stunden aus ganz Deutschland anreisen würden und wir daher daraus ein Wochenende machen müssten. Erstmals mussten wir uns alleine überlegen, was benötigt wird und wie das Programm aussehen könnte. Glücklicherweise konnten wir auf das Gelernte aus vier Veranstaltungen zurückgreifen. Zunächst brauchten wir ein geeignetes Hotel zu einem guten Preis. Eine Tagungs- oder Bildungsstätte oder eine Jugendherberge ist für eine Gruppe von Blinden und Sehbehinderten ungeeignet. Dort gibt es die Verpflegung nur in Buffetform und oft haben die Zimmer keine eigene Dusche und Toilette. In einem solchen Fall ist ein sehender Begleiter pro Teilnehmer Voraussetzung, genau das wollten wir auch weiterhin vermeiden. Wir wussten aber, dass Hannover 96 Verträge mit 3 – 4-Sterne-Hotels hatte, und Herr Coordes sorgte dafür, dass wir dort zu guten Konditionen unterkommen konnten. Bezüglich der Mahlzeiten trafen wir weitere Absprachen: Zum Frühstück erbaten wir uns ein Grundsortiment auf den Tischen, damit die Begleiter nicht für jedes Brötchen und jede Butter zum Buffet laufen mussten. Für das Mittag- und Abendessen wählten wir

Gerichte, die nicht zu schwierig zu essen sind, also kein Fleisch mit Knochen oder Fisch mit Gräten.

Als nächstes mussten wir uns um den Transfer der Mitglieder kümmern. Wenn möglich, sollte vermieden werden, mit der Gruppe öffentliche Verkehrsmittel nutzen zu müssen. Ein großer Bus, wie wir ihn bei den ersten Veranstaltungen hatten, wäre zu teuer geworden. Es bot sich aber die Möglichkeit, zwei Kleinbusse von Hannover 96 auszuleihen, für die wir dann beim Fanprojekt Fahrer fanden.

All diese Dinge besprachen wir mit Egon Coordes, der dann an die entsprechenden Mitarbeiter delegierte. Da es unsere erste Veranstaltung ohne Stephan Roth war, waren wir im Vorfeld sehr aufgeregt, was dazu führte, dass Herr Coordes am Freitagmittag sagte, dass doch alles geklärt sei und wir ihn doch bitte in Ruhe lassen sollten. Als wir jedoch nachmittags am Bahnhof die Teilnehmer sammelten und zum Hotel fahren wollten, klingelte mein Handy und Egon Coordes fragte, ob auch alles in Ordnung sei. Er war wohl offensichtlich auch ein wenig nervös.

Am Abend diskutierten wir mit Mirko Slomka, der damals A-Jugendtrainer bei Hannover 96 war, über die Nachwuchsarbeit eines Profivereins. Keiner ahnte zu diesem Zeitpunkt, dass er später ein so erfolgreicher Bundesligatrainer werden würde.

Bei einem Planspiel stellten wir am Samstagmorgen eine Krise bei einem imaginären Verein nach, bei dem sich eine

Gruppe von Spielern weigerte, mit dem Trainerstab zusammenzuarbeiten. Die Mitglieder teilten sich hierbei in verschiedene Gruppen auf: Trainerstab, Spieler, Präsidium und Pressestelle. Wir hatten einen riesigen Spaß und als die Situation gerade aussichtslos verfahren schien, kam spontan Frank Hartmann, Sportkoordinator von 96 vorbei, um sich zu erkundigen, ob alles in Ordnung sei. Wir erzählten ihm kurz von unserem Planspiel und er löste die Lage, indem er unserem Planspielverein, den die Mitglieder Grün-Weiß Mettwurst getauft hatten, die aufrührerischen Spieler einfach abkaufte.

Für den obligatorischen Spielbesuch hatten wir bei diesem Treffen nicht ausreichend Begleitpersonen, die den Mitgliedern das Spiel hätten reportieren können. Wir fragten bei Hannover 96 nach, ob uns nicht Spieler der A- und B-Jugend unterstützen könnten. Unserem Wunsch wurde entsprochen und uns begleiteten 7 Spieler auf die Tribüne. Unter Ihnen war Fabian Ernst, der später ein erfolgreicher Profi wurde und es bis in die deutsche Nationalmannschaft schaffte.

Zum Abschluss des Tages stand uns Egon Coordes noch zu einer Gesprächsrunde zur Verfügung.

Nur eine Woche nach dieser Veranstaltung wurde Herr Coordes wegen sportlichem Misserfolges bei Hannover 96 entlassen. Da hatten wir wirklich Glück. Die Initiative für die Unterstützung war eindeutig von ihm ausgegangen, und wir wissen nicht, ob der Verein trotzdem mit so viel Engagement geholfen hätte. Es ist ein großes Risiko, mit einer solchen Aktion vom Trainer abhängig zu sein, der ja ohnehin hierfür gar nicht zuständig ist.

17.

Die Tatsache, dass Jupp Heynckes und Ewald Lienen seit Sommer 1995 als Trainerteam beim spanischen Erstligisten CD Teneriffa tätig waren, animierte uns dazu, eine Urlaubsreise auf die Kanareninsel zu planen. Dies bildete eine ganz neue Herausforderung, da wir nicht eingeladen worden waren und daher vor Ort auf uns alleine gestellt sein würden. Um uns wenigstens etwas verständigen zu können, belegten wir einen Spanischkurs an der staatlichen Handelsschule für Blinde und Sehbehinderte in Hamburg. Des Weiteren vertrauten wir darauf, dass auf einer Urlaubsinsel viele Menschen deutsch oder englisch sprechen könnten.

Die Hotelsuche gestaltete sich schwieriger als gedacht. Wir hatten uns für den Ort Puerto de la Cruz im Norden der Insel entschieden, weil wir auf jeden Fall dem Vereinsgelände von CD Teneriffa einen Besuch abstatten wollten und dies ebenfalls im Norden liegt. Dort gab es zwar eine große Auswahl an Hotels aller Kategorien, allerdings fast ausnahmslos mit Abendessen in Buffetform. Da mein Sehrest nicht ausreicht, um die verschiedenen Gerichte auf einem Buffet zu erkennen, wären wir immer darauf angewiesen gewesen, dass uns ein Kellner bedient. Selbst in Deutschland ist es in solchen Fällen schwierig zu erfahren, was es im Angebot gibt und dann auch noch das gewünschte zu erhalten. In einer Fremdsprache trauten wir uns das erst recht nicht zu. Wir entschieden uns daher für eins der wenigen Hotels, die abends Menüwahl anboten.

Gerne wollten wir die Gelegenheit nutzen, Interviews für „Blickpunkt Fußball" mitzubringen. Daher stellten wir eine schriftliche Anfrage, auf die wir bis zu unserer Abreise aber keine Antwort erhielten.

Die Anreise inklusiv Transfer zum Hotel klappte problemlos. Im Hotel stellte sich dann heraus, dass es dort eine deutschsprachige Gästebetreuerin gab. Sie brachte für uns in Erfahrung, wie wir am besten vom Hotel zum Trainingsgelände von CD Teneriffa, welches in der 20 Kilometer entfernten Stadt La Laguna liegt, gelangen können und wann dort trainiert wird. Wir machten uns also auf den Weg, um dort direkt nach einem Interviewtermin zu fragen.

Zunächst fragten wir uns zum Busbahnhof in Puerto de la Cruz durch. Hierbei machten wir die Erfahrung, dass die Spanier Blinden gegenüber sehr aufgeschlossen sind und wenige Berührungsängste haben. Dies dürfte in erster Linie daran liegen, dass Blinde im Straßenbild in Spanien nichts Ungewöhnliches sind. Die Lose der staatlichen Lotterie Once werden hauptsächlich von Blinden auf der Straße verkauft. Mit dem Bus fuhren wir nach La Laguna, wo wir noch einmal umsteigen mussten. Alles klappte bestens bis wir am Trainingsgelände feststellten, dass an diesem Tag das Training ausfiel. Der Weg war aber nicht ganz umsonst: Wir wussten jetzt wenigstens, wie wir beim nächsten Mal dorthin kommen konnten.

Am nächsten Tag rief Martina, die Gästebetreuerin unseres Hotels, beim Verein an und erkundigte sich für uns bezüglich unserer Interviewanfrage. Wir erhielten einen Termin mit Ewald Lienen für den folgenden Tag nach dem Training. Also fuhren wir wieder nach La Laguna, und dieses Mal wurde auch trainiert. Im Anschluss an unser Interview überredete Herr Lienen dann auch Jupp Heynckes noch spontan dazu, unsere Fragen zu beantworten. Damit war das Thema Fußball für uns für diesen Urlaub abgehakt – dachten wir.

Als wir am nächsten Morgen beim Frühstück saßen, wurden wir plötzlich ans Telefon gerufen. Wir waren sehr überrascht, Ewald Lienen in der Leitung zu haben. Er bat uns, noch einmal vorbeizukommen. Er habe seiner Frau von unserem Besuch berichtet und sie hätte ihn gebeten, uns mit nach Hause zu bringen, weil sie für die Diplomarbeit zum Abschluss ihres Studiums einige Fragen an uns hätte. Selbstverständlich machten wir uns erneut auf den Weg. Nach dem Training wollte Herr Lienen uns dann eigentlich mit nach Hause nehmen. Da er noch etwas beim Verein zu erledigen hatte, schickte er uns per Taxi voraus. Nachdem wir einige Minuten gefahren waren, hielt der Fahrer plötzlich in einer Straße mit Wohnhäusern an. Da er nur spanisch sprach, dauerte es eine Weile bis wir verstanden, dass er von uns die Hausnummer von Familie Lienen wissen wollte. Wir hatten keine Ahnung und uns blieb nichts anderes übrig als auszusteigen. Was nun tun? Wir standen an irgendeiner Straße in Santa Cruz, wussten keine Adresse und hatten unsere Handys im Hotel liegen gelassen. Glücklicherweise fiel uns die Festnetznummer von Lienens ein. Es gelang uns, eine Passantin auf uns aufmerksam zu machen und ihr mit unseren wenigen Worten Spanisch klar zu machen, dass wir telefonieren müssten. Sie brachte uns zu einem Kiosk, von wo aus wir Frau Lienen erreichten. Als sie uns fragte, wo sie uns abholen solle, konnten wir ihr zunächst diese Frage nicht beantworten. Wir wussten nur, dass wir an irgendeinem Kiosk an einer Kreuzung in der Nähe ihres Hauses standen. Letztendlich fand sie uns und wir erlebten einen netten Nachmittag. Seit diesem Erlebnis gehen wir beide nicht mehr ohne Handy aus dem Haus.

Einige Monate später ergab sich für uns die Gelegenheit, Teneriffa genauer kennenzulernen. Gerd, den wir vom Fanprojekt in Hannover kannten und der uns schon häufiger ins Stadion begleitet hatte, erzählte uns, dass er schon öfter auf der Insel gewesen sei und dass er seinen Jahresurlaub dort verbringen wolle. Wir vereinbarten, dass wir zur gleichen Zeit fliegen und uns gemeinsam für 14 Tage ein Auto mieten wollten. So erlebten wir während unseres zweiten Aufenthaltes auf Teneriffa ganz andere Seiten der Insel. Gemeinsam unternahmen wir viele Ausflüge: Wir wanderten durch die Pinienwälder der Cañadas, die Hochebenen rund um den Pico de Teide, fuhren in die bewaldeten Berge im Norden und den touristischen, wüstenähnlichen Süden. Ganz auf Fußball verzichten wollten wir aber auch nicht. Daher besuchten wir zusammen das Spiel der Primera Division CD Teneriffa gegen Deportivo La Coruña.

In der Saison 1996/1997 reisten wir weiter durch Europa. CD Teneriffa hatte sich für den UEFA-Pokal qualifiziert und das Losglück war uns hold. Im Achtelfinale ging es nach Rotterdam, einem Stadion mit einer aufgrund der Sangesfreude der Fans beeindruckenden Atmosphäre. Diese Runde wurde überstanden und der nächste Gegner hieß Ende März Kopenhagen. Von diesem Spiel blieb uns in erster Linie das Wetter in Erinnerung. Ein plötzlicher Wintereinbruch sorgte dafür, dass wir gemeinsam mit dem kleinen Häufchen spanischer Fans – in der äußersten Ecke des Stadions untergebracht – bereits nach der ersten Halbzeit aussahen wie Schneemänner.

Sensationell schaffte es Teneriffa bis ins Halbfinale und traf dort auf Schalke 04. Seit Saisonbeginn war auch Egon Coordes Mitglied des Trainerstabes, und wir verabredeten uns im Mannschaftshotel, damit er uns Eintrittskarten übergeben konnte. Aus Termingründen kamen wir jedoch nicht zusammen und er versprach uns, die Karten an einem bestimmten Eingang des Stadions zu hinterlegen. Als wir mit unserer Begleitperson rechtzeitig vor Spielbeginn am verabredeten Eingang ankamen, wusste niemand etwas von hinterlegten Tickets. Egon Coordes konnten wir telefonisch unmittelbar vor dem Spiel nicht erreichen. Leider waren die Ordner nicht so flexibel und hilfsbereit, um bei ihren Kollegen an anderen Eingängen nachzufragen. So waren unsere Eintrittskarten irgendwo im Parkstadion und wir standen draußen. Wieder einmal kam uns der Zufall zur Hilfe. Ein Bekannter unseres Begleiters, der in Gelsenkirchen Taxi fährt und sich dadurch bis ins Detail im Umfeld des Stadions auskannte, entdeckte uns. Wir schilderten ihm unser Problem und er nahm uns mit zu einer Feuerwehrzufahrt. Dort glaubten die Ordner und Feuerwehrleute unsere Geschichte und ließen uns bei ihnen stehen. Wir waren zwar nicht direkt im Stadion, unser Begleiter konnte das Spielfeld aber einsehen und uns die Partie reportieren. Leider schied Teneriffa in der Verlängerung aus.

18.

Der SC Freiburg spielte als kleiner, nicht sehr finanzkräftiger Verein im Herbst 1996 bereits im vierten Jahr in Folge in der 1. Bundesliga. Grund genug, erneut ein Interview mit Volker Finke zu führen. Wir wollten die Gelegenheit des Freiburger Spiels beim FC St. Pauli nutzen und baten um einen Termin, der uns für Samstagabend bestätigt wurde. Dies machte uns stutzig: Das Spiel fand am Samstagnachmittag statt, und normalerweise reisen die Mannschaften direkt im Anschluss nach Hause. Dennoch fuhren wir zum Mannschaftshotel, wo wir tatsächlich erfuhren, dass die Freiburger die vorherige Nacht dort gewohnt hatten und jetzt abgereist waren. Herr Finke hatte sich offensichtlich im Datum geirrt. Wir faxten erneut zum Sportclub und baten um einen Ersatztermin. Das Fax, das wir daraufhin erhielten, machte uns noch stutziger: Man bot uns ein Interview am Samstag, den 16.11. um 14:00 Uhr an. Ein Blick in den Spielplan informierte uns darüber, dass der SC Freiburg an besagtem Tag um 15:30 Uhr gegen den FC Bayern spielte. Wir konnten es nicht glauben und schickten das Fax mit der Bitte um Rückbestätigung des Termins zurück. Die Bestätigung kam und wir reisten mit dem Schriftverkehr im Gepäck nach Freiburg. Am Stadion glaubte man uns trotz Vorlage des Faxes nicht und brachte uns erst zu Herrn Finke, nachdem man bei ihm noch einmal nachgefragt hatte. Wir führten dann 90 Minuten vor einem Bundesliga-Topspiel ein entspanntes Interview im Trainerbüro im Stadion. Auf unsere Frage, ob dies nicht ein unpassender Termin sei und ob er nicht wichtigere Dinge kurz vor dem Spiel zu tun habe, sagte Herr Finke: „Wieso, anziehen können sich die Spieler doch alleine."

Die Suche nach einem gastgebenden Verein für unsere diesjährige Fanclub-Veranstaltung gestaltete sich erneut schwierig. Alle Personen aus dem Fußball, zu denen wir Kontakte hatten, waren auf Teneriffa und das war ein wenig weit. Im Umfeld eines Interviews lud Helmut Schulte, der damals beim FC St. Pauli tätig war, den Fanclub zu einem Spiel ein, woraus wir dann die Wochenendveranstaltung kreierten. Zum ersten Mal konnten wir nicht auf die Unterstützung einer uns schon länger bekannten Person bauen. Aufgrund der Tatsache, dass wir in Hamburg vor Ort waren, gelang es uns mit der Unterstützung von Bekannten alles Notwendige zu organisieren. Eine ganz besondere Idee hatten wir für Freitagabend. Der FC St. Pauli spielte am Samstag gegen Borussia Mönchengladbach, wo Stefan Effenberg spielte. Wir hatten in der Vergangenheit mit ihm schon einige Interviews geführt und wussten, dass er auch für ungewöhnliche Aktionen zu begeistern war. Im Rahmen eines erneuten Interviews – denn nur so hatten wir die Möglichkeit, Kontakt zu ihm aufzunehmen – fragten wir, ob es denkbar sei, dass wir am Vorabend des Spiels mit der gesamten Gruppe ins Mannschaftshotel kämen und er uns für eine Diskussionsrunde zur Verfügung stünde. Er war unter der Voraussetzung, dass Borussia Mönchengladbach den Klassenerhalt zu jenem Zeitpunkt bereits gesichert hätte, einverstanden. Der Saisonverlauf war uns wohl gesonnen und so machten wir mit den Fanclub-Mitgliedern am ersten Abend eine „Fahrt ins Blaue" zum Hotel der Borussia. Der

Pressesprecher begrüßte uns offiziell und führte uns in einen extra vorbereiteten Raum, wo Fanartikel bereitgelegt worden waren. Er sagte aber auch, dass Herr Effenberg nur 30 Minuten Zeit hätte und wir dafür Verständnis haben müssten. Das war absolut selbstverständlich für uns, weil es ohnehin eigentlich ein Unding ist, am Abend vor einem Spiel mit einer Gruppe ins Mannschaftsquartier zu fahren. Als Stefan Effenberg dann kam, wurde deutlich, dass er es mit der Zeit nicht so genau nehmen wollte und dass dieser Termin sowieso seine eigene Entscheidung gewesen war, in die er sich auch nicht vom Pressesprecher reinreden lassen wollte.

Im Herbst 1997 trat das Deutsche Sport-Fernsehen (DSF) mit der Idee an uns heran, ein Bundesligaspiel von Jochen Hageleit, einem Rundfunkreporter live für die Fanclub-Mitglieder reportieren zu lassen und einen Bericht über diese Aktion zu drehen. Wir erklärten uns damit einverstanden, und es gelang uns auch, einige Mitglieder zu überreden, zum Spiel des MSV Duisburg gegen Borussia Dortmund ins Stadion zu kommen. Das DSF kümmerte sich um die notwendige Technik. Funkgesteuerte Übertragungstechnik, wie wir sie später für die Blindenplätze nutzten, gab es noch nicht und so mussten diverse Kabel gezogen werden. Die Reportage hatte wenig mit den späteren speziellen Blindenreportagen gemeinsam. Sie entsprach, wie zu erwarten, einer normalen Radioreportage. Damals hatte sich aber ja auch noch niemand Gedanken über die spezifischen Anforderungen an eine Spezialreportage gemacht. Der gedrehte Bericht wurde im Rahmen einer Magazinsendung gezeigt, zu der ich als Studiogast eingeladen wurde. Dadurch bestand für mich die Möglichkeit, im Verlauf des Interviews um Begleitpersonen für Stadionbesuche zu werben. Tatsächlich meldeten sich einige Interessierte, zu denen wir teilweise heute noch Kontakt haben. Im Anschluss an die Sendung lernte ich Karsten Klein, einen Mitarbeiter des DSF, kennen, der für uns später noch viele wertvolle Verbindungen knüpfen sollte.

Für die Vergabe des siebten Fanclub-Treffens ergab sich im Laufe der Saison kein einziger Ansatzpunkt, so dass wir zu einer sehr gewagten Methode greifen mussten. Wir schrieben mehrere Erstligaklubs an und baten um Unterstützung. Erfreulicherweise sagte Borussia Mönchengladbach zu. Der Verein verschaffte uns das so dringend benötigte Hotelangebot und stellte uns die Eintrittskarten zur Verfügung. Im Stadion unterstützten uns erneut Spieler aus den Jugendmannschaften. Aus diesem Kreis ging später Sebastian Deisler als Bundesligaspieler hervor.

Zu einer der üblichen Gesprächsrunden luden wir Erich Rutemöller ein, der einige Jahre als Bundesligatrainer gearbeitet hatte und dann als Dozent für die Trainerausbildung an die Sporthochschule in Köln gewechselt war. Er informierte uns über die Inhalte der Fußballlehrerausbildung und erzählte anschließend einige Anekdoten aus seiner Trainerzeit. Die bekannteste ist sicherlich „Mach et Otze!" Er schilderte uns äußerst humorvoll die Episode: Frank Ordenewitz (Spitzname Otze) spielte mit dem 1. FC Köln im Halbfinale des DFB-Pokals und kassierte eine gelbe Karte, die zur Folge hatte, dass er im Finale gesperrt gewesen wäre. Während des Spiels fragte er seinen Trainer Erich Rutemöller, ob er sich mit einer roten Karte vom Platz stellen lassen solle. Die Sperre aufgrund einer roten Karte hätte für die folgenden Bundesligaspiele und nicht für den Pokal gegolten. Auf diese Frage antwortete Herr Rutemöller mit dem berühmten Satz „Mach et Otze!" Kurz vor Spielende erhielt Frank Ordenewitz wie gewünscht die rote Karte für eine Unsportlichkeit. Die ganze Sache flog aber auf, und er wurde für das Pokalfinale gesperrt.

Den Abschluss des Wochenendes bildete am Sonntagmittag eine Planwagenfahrt, bei der die Stimmung so ausgelassen war, dass die Kinder auf der Straße hinter uns her liefen. Bei der Hamburger Veranstaltung hatten wir mit einer Barkassenfahrt durch den Hafen einen geselligen Schlusspunkt erfolgreich eingeführt. So hatten die Mitglieder in ungezwungener Runde die Möglichkeit, bei dem einen oder anderen Bier Spaß miteinander zu haben. Der Großteil der Wochenenden ist mit Programmpunkten so voll, dass hierfür sonst nur wenig Raum bleibt.

19.

„Chelsea im Ballbesitz mit David Luiz halbrechte Position, Station weitergespielt, alles noch in der eigenen Hälfte. Wieder Luiz, wird jetzt einmal stark angelaufen von Kießling, wird weit zurückgedrängt und spielt zurück zu Cech. Cech in die Mitte rein zu Meireles. Der ist in der Mitte der eigenen Hälfte, nimmt ein bisschen Tempo auf, spielt dann Doppelpass mit Lampard. Lampard am Mittelkreis, halbrechte Position, spielt jetzt zu Sturridge, der mit dem Pass in die Mitte. Achtung – da ist Drogba, Drogba vorbei an Leno, Drogba … – oh je, das war eine riesige Möglichkeit für Chelsea!"

Das Equipment, das hier in der BayArena verwendet wird, wurde von Bayer 04 Leverkusen angeschafft und gehört somit dem Veranstalter der Spiele und gleichzeitig auch dem Eigentümer des Stadions. Das ist nicht überall so.

Die Planung und der Bau der Allianz-Arena in München lag in den Händen einer Betreibergesellschaft, die schon früh in der Bauphase Konferenzen einberief, bei denen Vertreter der verschiedensten Behindertengruppierungen Ihre Bedürfnisse äußern und die Umsetzbarkeit mit den Verantwortlichen diskutieren konnten. An diesen Gesprächen nahmen Vertreter verschiedener Wohlfahrtsverbände, die Behindertenfanbeauftragten des FC Bayern und des TSV 1860, Vereinsvertreter und Mitarbeiter der Betreibergesellschaft teil. Erfreulicher Weise wurden auch wir eingeladen, um die Interessen der Blinden und Sehbehinderten zu vertreten. Es zeigte sich schnell, dass für dieses neue Stadion eine Funkanlage angeschafft werden würde. Das hieß aber noch lange nicht, dass auch die beiden Vereine, die diese Arena nutzen sollten, auch Spezialplätze mit Spielreportage anbieten würden. Speziell der FC Bayern tat sich mit der Entscheidung schwer. Zunächst wollte man den Nutzern eine Internetreportage über Kopfhörer zur Verfügung stellen. Dies konnten wir zum Glück verhindern, weil auch ein Vertreter der Betreibergesellschaft bestätigte, dass das Internetangebot zeitverzögert ist und damit als Live-Reportage ungeeignet. Schließlich entschieden sich die Verantwortlichen dann auch für einen eigenen Reporter und boten Blindenplätze an.

Ganz andere Voraussetzungen waren bei der SpVgg Greuther Fürth gegeben. Dort stand seitens des Vereins nur wenig Geld für die Anschaffung einer Übertragungsanlage zur Verfügung. Auf Initiative von zwei blinden Fans wurde das benötigte Geld bei verschiedenen Aktionen gesammelt, an denen sich andere Fans, aber auch Spieler durch Versteigerungen von Trikots und Ähnlichem beteiligten. Auf diesem Weg wurde ein Großteil des erforderlichen Geldes zusammengebracht und der Verein brauchte nur noch den fehlenden Restbetrag beizusteuern.

Während des Stadionumbaus in Köln führten wir schon zu einem frühen Zeitpunkt ein Gespräch mit dem Projektleiter, bei dem die grundsätzliche Bereitschaft signalisiert wurde, Plätze mit Spielreportage einzurichten. Später fand dann eine größere Besprechung mit dem Fanbeauftragten, der

Behindertenfanbeauftragten, die auch gleichzeitig für alle Tickets für Behinderte zuständig ist, einem Stadiontechniker und dem Projektleiter statt. Über die Einzelheiten wie Anzahl der Plätze, Platzierung im Stadion und anzuschaffende Technik wurden wir uns schnell einig. Als Reporter konnte der Verein ehrenamtliche Mitarbeiter der Jugendabteilung gewinnen.

Beim Regionalligisten Rot-Weiß Essen ging die Einrichtung von Blindenplätzen auf den Stadiontechniker, dessen Sohn sehbehindert ist, zurück. Er setzte sich für ein entsprechendes Angebot ein und erreichte sein Ziel.

Borussia Mönchengladbach schaffte einfach zehn Kopfhörer an, wies die Plätze als Dauerkarten aus und vergab sie an den örtlichen Blindenverein. Das führte natürlich dazu, dass auswärtige Fans keine Chance hatten, Tickets zu erwerben. Der Protest von vielen Seiten führte dazu, dass das Angebot auf 20 Plätze erweitert wurde und zehn Karten als Tageskarten erworben werden können.

Dies sind nur einige Beispiele dafür, wie in den verschiedenen Stadien Blindenplätze entstanden sind. Mancherorts wurden in die Planung die späteren Nutzer einbezogen, manchmal wurde auch nur in anderen Arenen abgeguckt. In den allermeisten Fällen haben letztendlich die Vereine die notwendige Technik angeschafft. Wie das Beispiel Fürth zeigt, sind aber auch andere Wege denkbar.

20.

Die Fanclub-Veranstaltung im April 1999 in Leverkusen, auf der Kurt Vossen die Idee der Schaffung von Blinden-plätzen zur Diskussion stellte, brachte auch in Hinsicht auf den Fanclub eine wichtige Neuerung. Gemeinsam mit den von den Mitgliedern gewählten Mitgliederbeauftragten erarbeiteten wir im Vorfeld einen Satzungsentwurf. Hier-in wurden erstmals die Belange des Vereins und der Mit-glieder schriftlich fixiert. Wie in Vereinssatzungen üblich, regelten wir Rechte und Pflichten der Mitglieder und des Vorstandes, Amtszeiten, Ziele der Vereinsarbeit usw. Der Entwurf wurde mit kleinen Änderungen von der Versamm-lung angenommen. Zu diesem Zeitpunkt waren wir kein eingetragener Verein, so dass wir uns bei der Gestaltung an keine gesetzlichen Vorgaben halten mussten.

Einen Höhepunkt der Veranstaltung stellte sicherlich der Besuch von Christoph Daum am Samstagabend dar. Es ent-wickelte sich eine lebhafte, zweistündige Gesprächsrunde. Wenn es nach Herrn Dost, dem Pressesprecher von Bayer Leverkusen gegangen wäre, hätte dieser Programmpunkt gar nicht stattgefunden. Als Nina ihn im Vorfeld der Veran-staltung bat, Herrn Daum zu unserem Treffen einzuladen, lehnte er dies mit der Begründung ab, dass der Trainer am Abend nach dem Spiel keine Termine annehme. Nina hatte jedoch aufgrund der Erfahrungen aus den ersten Begegnun-gen das Gefühl, dass Herr Daum sich anders entscheiden würde und bot daher Herrn Dost an, selbst nachzufragen.

Damit war er aber nicht einverstanden, weil dies schließlich seine Aufgabe sei. Hartnäckigkeit zahlt sich manchmal aus.

Eigentlich hatte das Wochenendtreffen 1999 in Rostock stattfinden sollen. Am ersten Spieltag der Saison hatten wir Ewald Lienen, der damals Trainer beim FC Hansa war, dazu überredet, dass er uns bei der Organisation einer Veranstaltung unterstützen würde. Leider spitzte sich die sportliche Situation aber im Herbst so zu, dass wir uns gemeinsam mit ihm entschieden, lieber einen anderen Gastgeber zu suchen, den wir dann in Bayer Leverkusen auch fanden.

Zu Beginn der kommenden Saison nahm Ewald Lienen seine Tätigkeit beim 1. FC Köln auf. Wir kamen auf das Angebot aus Rostock zurück und fragten mangels alternativer Möglichkeiten erneut an. Uns war hierbei nicht ganz wohl, weil wir den Trainern normalerweise erst eine Einarbeitungsphase von mindestens einer halben Saison lassen, bevor wir sie mit solchen Dingen belästigen. Ewald Lienen hatte glücklicherweise Verständnis und delegierte an die zuständigen Mitarbeiter des Vereins. Eine Besonderheit war dieses Mal, dass wir mit der Mannschaft des 1. FC Köln im gleichen Hotel untergebracht waren. Wir nutzten diesen Umstand, um uns dem Ernährungsplan der Spieler anzupassen: Vollkornbrot und Müsli zum Frühstück, Nudeln zum Mittag und kein Alkohol (wenigstens nicht zu den Mahlzeiten). Zum geselligen Abschluss wurde es dann erstmals etwas kulturell: Wir besuchten das Schokoladenmuseum, immerhin ein Museum.

Ein gewisser Aberglaube ist im Fußball recht verbreitet. Im Laufe der Saison hatten wir Herrn Lienen gelegentlich um Eintrittskarten gebeten. Die von uns besuchten Spiele endeten nicht immer so, wie wir alle uns das vorgestellt hatten. Trotzdem konnte der 1. FC Köln bereits am 30. Spieltag in Hannover den Aufstieg in die 1. Bundesliga perfekt machen. Aufgrund unseres Kontaktes zum Trainer sympathisierten wir natürlich mit dem FC und wollten bei diesem möglichen Erfolg gerne live dabei sein. Herr Lienen lehnte unseren Kartenwunsch mit den Worten ab: „Ihr bringt Pech. Ich gebe euch keine Karten!" Wir gaben uns nach außen hin geschlagen, fuhren aber dennoch nach Hannover und kauften uns selbst Eintrittskarten. Der Zufall wollte es, dass wir auf dem Weg zu unseren Plätzen direkt am Mannschaftsbus des 1. FC Köln vorbeiliefen. Hoffentlich hatte Ewald Lienen uns nicht gesehen. Als es dann auch noch nach 63 Minuten 3: 1 für Hannover 96 stand, begannen wir schon selber an unseren schlechten Einfluss zu glauben. Umso mehr freuten wir uns, als den Kölnern mit einer fulminanten Aufholjagd noch ein 5: 3-Sieg und damit der Aufstieg gelang.

Kurze Zeit später stand auch in der 1. Bundesliga die Entscheidung um die Meisterschaft an. Die gute Zusammenarbeit mit Bayer Leverkusen führte dazu, dass wir auch für diesen Verein gewisse Sympathien hegten. Vor dem letzten Spieltag hatte Bayer drei Punkte Vorsprung vor dem FC Bayern. Ein Unentschieden in Unterhaching hätte zum Gewinn der ersten Deutschen Meisterschaft gereicht.

Karsten Klein, den ich im Anschluss an die DSF-Sendung kennengelernt hatte, hatte uns den Kontakt zu den Reportern des Privatsenders Antenne Bayern vermittelt, die live von den Heimspielen der bayrischen Vereine berichteten. Nachdem Stephan Roth nicht mehr beim FC Bayern tätig gewesen war, hatten wir keine Möglichkeit gehabt, Spiele im Olympiastadion zu besuchen, weil wir in München niemanden kannten, der uns hätte begleiten können. Die Reporter erklärten sich bereit, uns gelegentlich mit ins Stadion zu nehmen. Sie besorgten uns dann jedes Mal Presseakkreditierungen, weil sie ja von der Pressetribüne aus ihre Live-Einblendungen senden mussten. In den Sendepausen schilderten sie uns dann das Spiel.

Sehr gerne wollten wir bei dem entscheidenden Spiel in Unterhaching dabei sein und fragten bei Antenne Bayern an, ob man uns auch zu dieser Begegnung mitnehmen könne. Die Journalisten waren einverstanden, konnten uns aber aufgrund des immensen Medieninteresses und des geringen Platzangebotes im Sportpark in Unterhaching keine Pressekarten besorgen. Wir wandten uns daher selbst an die Pressesprecherin des Vereins, die uns zunächst weder zu- noch absagte, sondern uns immer wieder auf später vertröstete. Die Kartenwünsche überstiegen um ein Vielfaches das Angebot und man tat sich schwer mit der Entscheidung, wer kommen dürfe und wer nicht. Beim letzten Gespräch einen Tag vor dem Spiel sagte sie dann, dass einfach alle zum Stadion kommen sollten. Man werde dann sehen …

Wir trafen uns mit den Reportern des Senders vor dem Stadion und erfuhren, dass sie nicht einmal für sich selbst ausreichend Tickets hätten. Im Schutz des riesigen Durcheinanders gelang es uns aber, mit mehreren Personen auf einer Karte ins Stadion zu gelangen. Auf der Pressetribüne war es dann so voll, dass wir eingequetscht zwischen anderen Journalisten hinter unseren Reportern standen. Offensichtlich waren wirklich unkontrolliert viele Personen eingelassen worden. Leider verlor Bayer Leverkusen das Spiel und der FC Bayern wurde doch noch Meister. Schade, wir hätten uns für Bayer sehr gefreut. So erlebten wir innerhalb von zwölf Tagen die Freude eines Aufstiegs und die Enttäuschung einer nicht gewonnenen Meisterschaft.

Für den nächsten Tag hatten wir uns mit entfernten Verwandten von mir, die in der Nähe von München leben, verabredet. Wir waren heilfroh, dass sich dort niemand für Fußball interessierte und wir so nicht über den Vortag sprechen mussten. Abends wollten wir dann per Nachtzug nach Hamburg zurückfahren.

Als wir gegen 21:30 Uhr unser Gepäck am Münchner Ostbahnhof aus dem Schließfach holen wollten, erlebten wir eine böse Überraschung. Morgens beim Einschließen war mir schon ein Bauzaun aufgefallen. Ich schenkte ihm aber keine weitere Beachtung. Zwischenzeitlich hatte nun aber jemand den Zaun so verschoben, dass er genau vor unserem Schließfach stand und wir nicht an unser Gepäck kamen. Zum Wegschieben war das Ganze für uns zu schwer und in einer halben Stunde fuhr unser Zug. Wir suchten auf dem gesamten Bahnhof nach einem Mitarbeiter der Bahn, fanden aber nur ein bereits geschlossenes Reisezentrum. Ratlos und inzwischen auch schon etwas nervös gingen wir zu unserem Zug, der, wie wir wussten, schon am Bahnsteig bereitstand. Dort sprachen wir einen Zugbegleiter an, der uns aber auch nicht helfen konnte, weil er bei seinem Zug bleiben musste. Zufällig bekam das Zugpersonal des auf dem gegenüberliegenden Gleis stehenden und später abfahrenden Zuges die ganze Sache mit. Zwei kräftige Männer machten sich auf den Weg, räumten den Bauzaun zur Seite und holten unser Gepäck. So konnten wir dann mit unseren Rucksäcken die Heimreise antreten.

21.

Die Vizemeisterschaft bescherte Bayer Leverkusen für die Saison 2000/2001 die Qualifikation für die Champions-League. Wir ließen uns Ende September natürlich die Chance nicht entgehen, Real Madrid live im Stadion zu sehen. Am nächsten Tag trafen wir uns mit Uli Dost, dem Pressesprecher von Bayer 04, um einige Fragen zur Öffentlichkeitsarbeit des Fanclubs zu erörtern. Im Anschluss an das Gespräch verfolgten wir die turnusmäßige Pressekonferenz, nach deren Ende wir nach Köln zum Training des FC fahren wollten, um anschließend noch ein paar Worte mit Ewald Lienen zu wechseln. Als die Pressekonferenz zu Ende war, bat uns aber Herr Dost, noch zu warten, weil Christoph Daum mit uns sprechen wolle. Wir waren sehr überrascht: Normalerweise baten wir um Termine, nicht umgekehrt. Außerdem hatte es für Herrn Daum in der Vergangenheit genügend Gelegenheiten gegeben, uns anzusprechen. Mehrfach wohnten wir am Tag vor den Spielen im gleichen Hotel wie die Mannschaft und liefen uns auch über den Weg. Wir hatten ihn nie angesprochen, weil wir wussten, dass ein Trainer in der Vorbereitungsphase andere Dinge zu tun hat und nicht gerne gestört wird. Nun sollten wir also warten, was uns eigentlich wegen unserer Verabredung in Köln gar nicht so recht passte. Dennoch blieben wir. Nachdem alle Journalisten gegangen waren, plauderte Herr Daum zunächst mit uns über das verlorene Spiel des Vorabends, bevor er uns seine Unterstützung bezüglich Interviews für „Blickpunkt Fußball" während seiner zukünftigen Tätigkeit als Bundestrainer anbot. Darüber waren wir selbstverständlich sehr erfreut. Beeindruckt hat uns aber die Tatsache, dass er unumwunden zugab, dass er schon lange den Kontakt zu uns gewollt hätte, aber nicht gewusst habe, wie er das angehen sollte. Er habe uns häufig gesehen, wäre sich aber unsicher gewesen, ob er uns einfach ansprechen könne. Es ist ohnehin selten, dass andere Personen so offen über ihre Unsicherheit im Umgang mit Behinderten sprechen, und von einem Menschen aus dem öffentlichen Leben hatten wir dies noch viel weniger erwartet.

Kurze Zeit später brachte Uli Hoeneß das Gerücht in die Öffentlichkeit, dass Christoph Daum Kokain konsumiere. Daraufhin unterzog er sich einer freiwilligen Haaranalyse.

Am 21. Oktober führten wir im Vorfeld des Regionalliga-spiels Fortuna Köln gegen Sachsen Leipzig ein Interview mit Jean Löhring, dem langjährigen Präsidenten und Macher des Vereins. Während des Spiels erschien dann plötzlich auf der Anzeigetafel die Meldung, dass Bayer Leverkusen sich wegen des positiven Ergebnisses der Haaranalyse mit so-fortiger Wirkung von Christoph Daum getrennt habe. Wir konnten dies zunächst gar nicht glauben. Im Presseraum des Südstadions gab es aber bei den Journalisten nach dem Spiel kein anderes Thema. Abends hatten wir dann Karten für das Spiel Bayer Leverkusen gegen Borussia Dortmund. Nach einigem Zögern entschieden wir uns, diese Partie zu besuchen. In der BayArena herrschte eine seltsame Stim-mung. Es gab nur ein Thema und niemand interessierte sich wirklich für die Begegnung.

Im November stand das 10. Wochenendtreffen des Fanclubs Sehhunde an. Es war uns ein Anliegen gewesen, diese Jubiläumsveranstaltung als Andenken an die Anfangszeit des Vereins in München stattfinden zu lassen. Bereits sechs Monate zuvor war es uns gelungen, die Zusage für die Unterstützung durch den FC Bayern von Uli Hoeneß zu bekommen. Er delegierte an die zuständigen Mitarbeiter des Vereins und die Vorbereitungen liefen planmäßig. Für uns wurde die Situation nach Bekanntwerden des Haaranalyseergebnisses schwierig. Einerseits verdankten wir dem FC Bayern speziell in der Startphase des Fanclubs sehr viel, andererseits hatten wir einen engen Kontakt zu Bayer Leverkusen und dann war da noch das Gespräch mit Christoph Daum. Wir fühlten uns sehr verunsichert und wussten nicht, wie wir uns Uli Hoeneß gegenüber, der als Talkgast angekündigt war, verhalten sollten. Zu unserer Erleichterung wurde das heikle Thema dann während der Gesprächsrunde weder von den Fanclub-Mitgliedern noch dankenswerterweise von Herrn Hoeneß angesprochen.

In den nächsten Monaten versuchten wir auf allen erdenklichen Wegen Kontakt zu Christoph Daum aufzunehmen – erfolglos. Was uns genau zu diesem Aktionismus bewog, wissen wir nicht. Es dürfte aber mit der Offenheit und dem Interesse an uns als Menschen zu tun gehabt haben, welches im letzten Gespräch in Leverkusen deutlich geworden war. Wir hatten das Gefühl, dass unser Einsatz richtig und wichtig sei.

Im Februar 2001 ging Christoph Daum als Trainer in die Türkei zu Besiktas Istanbul, wo er bereits in den 90er Jahren tätig gewesen war. Über die Medien erfuhren wir, dass Besiktas die Saisonvorbereitung im Sommer in Deutschland absolvieren würde – eine neue Chance der Kontaktaufnahme. Wir stellten eine Anfrage für ein Interview mit Roland Koch, dem Co-Trainer von Herrn Daum. Eigentlich wollten wir natürlich den Trainer sprechen, eine direkte Interviewanfrage hielten wir aber für chancenlos. Leider erhielten wir keine Rückmeldung. In den vergangenen zehn Jahren hatten wir gelernt, dass man ohne einen Termin nicht einfach in ein Trainingslager fahren dürfe. Uns war die Angelegenheit aber so wichtig, dass wir diesen Grundsatz über Bord warfen und zur Sportschule nach Bitburg fuhren. An der Rezeption wurden wir abgewiesen. Als wir jedoch hartnäckig blieben, holte man die Chefin, die uns korrekterweise ebenfalls abwimmeln wollte. Wir redeten aber solange auf sie ein, bis sie uns den Dolmetscher von Besiktas holte. Murat hörte sich unser Anliegen an und versprach Herrn Koch zu fragen. Bevor er ging fragte er noch: „Sind sie die beiden Blinden, von denen Herr Daum immer spricht?" Wir waren sehr überrascht ob dieser Frage, trauten uns aber daraufhin, Murat auch um einen Gesprächstermin mit dem Trainer zu bitten. Kurze Zeit später erhielten wir zu unserer großen Freude die Zusage für beide Gespräche.

Im Anschluss an das Interview mit Roland Koch bot dieser uns an, zu einem Spiel nach Istanbul zu kommen. Hieran hatten wir großes Interesse, trafen aber zunächst keine genaueren Absprachen.

Sehr angespannt warteten wir dann auf Christoph Daum. Es war viel passiert seit unserer letzten Begegnung. Was sollte man sagen, wie reagieren? Und was war dann der erste Satz von Herrn Daum? „Warum seid ihr nicht nach Siegburg gekommen? Das wäre doch für euch viel einfacher gewesen." Diese banale Frage löste die Spannung und es entwickelte sich ein sehr persönliches Gespräch, in dessen Verlauf wir uns darauf verständigten, dass wir in Zukunft immer gegenseitig die Möglichkeit haben müssten, uns erreichen zu können.

Als Herr Koch dann später zu unserer Runde stieß, wurde die Idee mit der Reise nach Istanbul wieder aufgegriffen und konkretisiert. Wir vereinbarten mit Herrn Daum, ihn nach Bekanntwerden des Spielplans anzurufen und einen Termin zu verabreden.

Als wir die Sportschule in Bitburg verließen und uns auf den wahrhaftig langen und umständlichen Weg nach Hamburg machten, wussten wir, dass dieser Weg sinnvoll und wichtig gewesen war und dass es manchmal notwendig ist, sich über Gelerntes hinwegzusetzen.

22.

Im August meldeten wir uns vereinbarungsgemäß telefonisch bei Christoph Daum, um einen Termin für unseren Besuch in Istanbul abzusprechen. Uns war bewusst, dass eine Reise in die Türkei nicht mit unserem Urlaub auf Teneriffa vergleichbar sein würde. Dort konnten wir uns nicht verständigen und ein Bewegen in dieser Megacity dürfte ohne Begleitperson unmöglich sein. Vorsichtshalber hatten wir eine Freundin gefragt, ob sie bereit wäre mitzukommen. Während des Telefonats wurde aber deutlich, dass Herr Daum es lieber hätte, wenn wir alleine kämen. Ihm war aber bewusst, dass wir auf Unterstützung angewiesen sein würden, und er sicherte uns eine deutschsprachige Begleitung ab/bis Flughafen zu.

Einige Wochen später flogen wir nach Istanbul, wo wir von Murat, den wir ja schon aus Bitburg kannten, am Flughafen abgeholt und zum Hotel gebracht wurden. Wir waren sehr erfreut darüber, dass wir in einem türkischen und nicht in einem zu einer internationalen Kette gehörenden Hotel untergebracht waren. Dort konnten wir zum Frühstück typisch türkische Spezialitäten probieren und hatten nicht nur die Auswahl eines internationalen Einheitsbuffets. Die Verständigung in Englisch stellte kein Problem dar.

Für die drei Tage unseres Aufenthaltes hatte Herr Daum Metin, einen professionellen, Deutsch sprechenden Stadtführer, gebucht. Er selbst hatte im laufenden Spielbetrieb einfach nicht die Zeit, uns die Stadt zu zeigen. An den ersten Abenden beauftragte er seinen Co-Trainer Roland Koch und den Torwarttrainer Eike Immel, mit uns Essen zu gehen.

Tagsüber machte uns Metin mit den beeindruckenden Sehenswürdigkeiten dieser multikulturellen Metropole vertraut. Da wir nur zu dritt unterwegs waren, konnten wir aber auch die Atmosphäre fernab der Touristenmassen erleben. So besuchten wir z. B. einen Bazar, auf dem die Einheimischen einkaufen. Es ist für uns befremdlich, wenn Fleisch, Fisch und Käse ungekühlt dargeboten werden. Der Geruch auf diesen Märkten ist für unsere Nasen gewöhnungsbedürftig. Appetitlich rochen dagegen die vielen Grillstände in manchen Straßen. Metin riet uns aber dringend vom Verzehr der Fleisch- und Fischgerichte ab. Na ja, wenn man bedenkt, wie die Waren möglicherweise gelagert wurden ...

Natürlich besuchten wir am Sonntag das Heimspiel von Besiktas gegen Kocaelispor. Zu diesem Stadionbesuch lässt sich im Gegensatz zu späteren nichts Bemerkenswertes berichten.

Am frühen Abend des letzten Tages brachte Murat uns zunächst zu Daums Haus. In der Türkei ist es üblich, dass die Wohlsituierten in eingezäunten und bewachten Wohnanlagen leben. Für Familie Daum wäre dies anders auch gar nicht möglich gewesen. Prominente Personen können in der Öffentlichkeit keinen Schritt machen, ohne dass sie von Menschen umringt sind. Dies war auch ein weiterer Grund, weshalb wir mit Herrn Daum nicht die Stadt besichtigen konnten. Abends aßen wir dann in einem typisch türkischen Restaurant, wo wir die Gelegenheit hatten, viele Spezialitäten zu probieren.

In Istanbul herrscht den ganzen Tag ein riesiges Verkehrschaos, was zur Folge hat, dass niemand weiß, wie lange er für einen Weg benötigt. Glücklicherweise mussten wir nicht auf die asiatische Seite der Stadt. Es gab damals nur zwei Brücken, die Tag und Nacht verstopft waren. Wir sparten uns diesen Stress und fuhren mit der Fähre von Europa nach Asien und zurück. Ein flächendeckendes U- oder S-Bahn-Netz gibt es in der Stadt nicht, sodass wir die Wege zwischen unseren einzelnen Besichtigungspunkten per Taxi zurücklegten. Während dieser Fahrten wurde Metin nicht müde, den Taxifahrern zu erzählen, dass wir Gäste von Christoph Daum seien. In der Türkei war er sehr beliebt und alle baten uns, ihn während des anstehenden Drogenprozesses nach unseren Möglichkeiten zu unterstützen, weil sie aus ihrer Heimat ja nichts tun könnten.

Wir haben die Türken als sehr freundlich und hilfsbereit, jedoch äußerst unsicher uns gegenüber erlebt.

Im Oktober begann vor dem Landgericht Koblenz der Prozess gegen Christoph Daum. Es war zur Anklage gekommen, weil sein Name bei Ermittlungen gegen mehrere Drogendealer aufgetaucht war und man ihm mittels des Haaranalyseergebnisses den Konsum von Kokain nachweisen konnte. Es handelte sich um einen öffentlichen Prozess, d. h., dass jeder Interessierte die Verhandlungstage besuchen konnte, was auch viele Menschen taten, da Herr Daum zu jedem Termin aus Istanbul anreisen und persönlich erscheinen musste.

In dieser Zeit fuhren wir mehrmals zum Gericht nach Koblenz und telefonierten sehr viel mit Christoph Daum. Wir versuchten so den Bitten der türkischen Taxifahrer und unserem eigenen Bedürfnis, zu helfen, gerecht zu werden.

Das Verfahren wurde im Mai nach sieben Monaten und mehr als 30 Verhandlungstagen gegen Zahlung einer Geldstrafe eingestellt.

Im Sommer 2002 trafen wir uns erstmals mit Waldemar Schwendemann, dem Sprecher der Bundesbehindertenfanarbeitsgemeinschaft (BBAG). Da der Ausbau der Plätze mit Spielreportage in den Stadien nur sehr schleppend vorankam, hatte uns Bayer Leverkusen zu diesem Gespräch geraten. Eine Bündelung der Interessen behinderter Fußballfans schien uns politisch sinnvoll, und daher schlossen wir uns der BBAG an. Außer uns waren hier hauptsächlich die Vorsitzenden der Rollstuhlfahrerfanklubs organisiert, die oft gleichzeitig Behindertenfanbeauftragte ihrer Vereine waren. Man setzte sich zum Ziel, gemeinsam an Vereine, Deutschen Fußball-Bund (DFB) und Deutsche Fußball-Liga (DFL) heranzutreten, um die Bedingungen für Fans mit Handicap zu verbessern.

23.

„Der Ball kommt lang von Cech auf Drogba. Das macht er gut: Mit der Brust abgelegt. Und jetzt kommt Chelsea über die rechte Seite mit Sturridge, Sturridge jetzt gegen Kadlec und dann ist Kadlec mit der Hand dran. Jetzt gibt es die nächste gute Freistoßgelegenheit. Sturridge macht das gut gegen Kadlec und dann ist er mit der Hand dran, bekommt in diesem Moment auch zurecht, wie ich finde, die gelbe Karte von Schiedsrichter Kassai."

Heute sitzen wir hier in der BayArena. Mittlerweile gibt es aber auch sehr viele andere Stadien, die spezielle Plätze mit Spielreportage anbieten. Das war in der Anfangszeit nicht so. Es dauerte zwei Jahre, bis mit Schalke 04 erst der zweite Verein hinzu kam.

Ab Sommer 2002 kam langsam Bewegung in die Sache. Wir wurden zu einem ersten Sondierungsgespräch bezüglich des Umbaus des RheinEnergie-Stadions in Köln eingeladen. Im Oktober begannen dann die Gespräche beim Hamburger SV. Da Christian Reichert, Vorstandsmitglied des HSV das Angebot für Blinde und Sehbehinderte gerne möglichst perfekt umsetzen wollte, holte er Unterstützung vom Institut für Sportjournalistik und vom Institut für Sonderpädagogik der Universität Hamburg sowie aus dem Stadionmanagement mit ins Boot. Es fanden mehrere Treffen und auch einige Tests während verschiedener Spiele statt. Erst im August 2003 wurde das Projekt dann offiziell eröffnet.

Im Juni 2003 wandten wir uns erstmals an den Deutschen Fußball-Bund (DFB) und die Deutsche Fußball Liga (DFL), um auf unser Thema aufmerksam zu machen. Bereits im Juli fand ein Gespräch bei der DFL statt, an dem mit Heribert Bruchhagen auch ein Vertreter der Führungsebene teilnahm. Wir konnten die Idee der Blindenplätze vorstellen und warben um Unterstützung bei der Verbreitung dieser Neuerung. Es wurde deutlich, dass die DFL keinen direkten Einfluss auf die Vereine nehmen konnte, da solche Entscheidungen in den Hoheitsbereich der Clubs fallen.

Das nächste wichtige Gespräch führten wir zwei Monate später mit Hans Florin, der sowohl für den DFB als auch für die Landesverbände in Nordrhein-Westfalen tätig war, wodurch er auch das Engagement von Bayer Leverkusen kannte. Er sicherte uns zu, das Thema Plätze mit Spielreportage in die entsprechenden Gremien des DFB zu transportieren. In dieser Zeit, als die Entwicklung erst langsam vorankam, war es uns sehr wichtig, dass möglichst viele unterschiedliche Personen und Stellen hiermit konfrontiert wurden.

Es war dann auch Herr Florin, mit dem wir im Mai 2004 erstmals das Thema Blindenplätze bei der Weltmeisterschaft 2006 in Deutschland ansprachen. Da er beratend für das Organisationskomitee tätig war, konnte er auch hier als Bindeglied fungieren. Er stand dem Projekt sehr positiv gegenüber, äußerte aber Bedenken bezüglich der Umsetzbarkeit. Zu diesem Zeitpunkt verfügten mit Hamburg, Köln und Gelsenkirchen erst drei der insgesamt zwölf WM-Stadien über ein bestehendes Angebot. Unter diesen Voraussetzungen erachtete Herr Florin es als nahezu unmöglich, das OK von dieser Idee zu überzeugen.

Für uns bedeutete dies, dass wir uns in der Folge besonders intensiv um die Vereine mit WM-Stadien bemühten. Bezüglich der Allianz-Arena in München liefen ja bereits vielversprechende Gespräche mit der Betreibergesellschaft und auch in Hannover nahmen wir an einem ersten Meinungsaustausch teil.

Natürlich freuten wir uns auch über die Projektstarts in den anderen Stadien. Im Herbst 2004 wurden von insgesamt sieben Vereinen (Bayer Leverkusen, Schalke 04, HSV, 1. FC Köln, VfL Wolfsburg, Borussia Mönchengladbach und FC St. Pauli) Plätze mit Spezialreportage angeboten.

24.

Die neue Saison brachte für uns ein neues Reiseziel. Christoph Daum hatte im Sommer seine Tätigkeit bei Besiktas Istanbul beendet und war im Herbst zu Austria Wien gewechselt. Für uns ein guter Grund für eine Reise nach Österreich.

Im Gegensatz zu Istanbul war Wien für uns einfach zu bereisen. Es würde keine Sprachprobleme geben und wir würden uns selbständig mit öffentlichen Verkehrsmitteln in der Stadt bewegen können. Wir waren also nicht auf die Unterstützung von Herrn Daum vor Ort angewiesen und konnten daher selbst darüber entscheiden, wann und wie oft wir reisen würden.

Eine Reise nach Wien konnten wir genauso vorbereiten, wie eine Reise in eine uns unbekannte Stadt in Deutschland, und da hatten wir ja inzwischen reichliche Erfahrungen. Seit einiger Zeit hatten wir Internetzugang an unseren privaten PCs, was die Hotelsuche deutlich erleichterte. Ich besorgte mir einen Stadtplan – mit digitalen Plänen am Computer komme ich nicht gut zurecht – und wir fanden ein günstig gelegenes Hotel.

Nun wollten wir aber natürlich in Wien auch ein Heimspiel der Austria besuchen. Da wir in Wien niemanden kannten, der mit uns ins Stadion gehen konnte und es auch keine Plätze mit Spezialreportage gab, wandten wir uns an den

Verein mit der Bitte um Unterstützung. Leider bekamen wir zunächst keine Antwort auf unsere Anfrage.

Als wir wenige Wochen vor unserer geplanten Reise Christoph Daum von unserem Vorhaben erzählten, schlug er vor, dass es am besten sei, wenn wir im gleichen Hotel übernachten würden, in dem auch er und seine Familie wohnten. Es wäre dann einfacher sich zu treffen. Dagegen hatten wir selbstverständlich nichts einzuwenden. Außerdem erzählte Herr Daum, dass er unsere Anfrage bezüglich des Stadionbesuchs beim Pressesprecher habe liegen sehen. Auf Nachfrage sagte man ihm, dass man diese für unsinnig halte – was wollen Blinde im Stadion – und daher nicht beantworten wolle. Daraufhin berichtete Herr Daum von der Arbeit des Fanclubs Sehhunde und den Angeboten für Blinde in deutschen Stadien. Einige Tage vor Abflug erhielten wir dann doch noch einen Anruf von Peter, einem Volunteer des Vereins, der uns zum Spiel begleiten sollte.

Das Angebot, von Murat, der auch in Wien im Trainerstab mitarbeitete, vom Flughafen abgeholt zu werden, nahmen wir natürlich gerne an. Als er uns mittags vereinbarungsgemäß vom Flughafen zum Hotel fuhr, richtete er uns aus, dass wir im Hotel auf Herrn Daum warten sollten. Es wäre nachmittags erst noch Training. In Istanbul hätten wir uns an diese Anweisung halten müssen, nicht aber in Wien. Im Vorfeld hatten wir in Erfahrung gebracht, wie wir mit öffentlichen Verkehrsmitteln zum Trainingsgelände der Austria gelangen können. Wir machten uns also auf den Weg und kamen auch gut an der entsprechenden Straßenbahnhaltestelle an. Die weitere Wegbeschreibung war dann aber so vage, dass wir sehr lange in der Umgebung umherliefen und suchten. Als es bereits zu dunkeln begann, hörten wir die typischen Geräusche eines Trainings oder Fußballspiels: Rufe, springende und über den Rasen hoppelnde Bälle, Tritte gegen Bälle und so weiter. Außerdem entdeckte ich zwischen Bäumen Flutlicht. Wir hatten Glück: Es war der Trainingsplatz der Austria. Nach dem Training reagierte Christoph Daum überrascht und etwas verärgert ob unserer Bemühungen, zum Vereinsgelände zu kommen.

Wir verbrachten vier angenehme Tage in Wien. Das Franz-Horr-Stadion, in dem die Austria ihre Heimspiele austrägt, und die Kulisse von ca. 7.000 Zuschauern erinnerte eher an eine Partie der dritten Liga. Akustisch fühlten wir uns aufgrund der vielen Kuhglocken wie bei einer Wintersportveranstaltung.

In den vergangenen Jahren war es uns weiterhin immer gelungen, für jede der jährlichen neun Ausgaben von „Blickpunkt Fußball" ein Interview zu führen. Da die Absprachen meistens offiziell über die Pressestellen liefen und deshalb alles wohl organisiert wurde, ergab sich nichts Berichtenswertes. Das änderte sich, als wir in der Rückrunde auf der Durchreise einen Stopp in Bielefeld einlegten, um Benno Möhlmann, der dort als Trainer tätig war, zu interviewen. Wir deponierten unser Gepäck am Bahnhof in einem Schließfach und fuhren zur Geschäftsstelle der Arminia. Dort führten wir zunächst ein interessantes Interview mit Herrn Möhlmann, bevor wir dann ins plaudern kamen. Zehn

Jahre zuvor hatten wir Herrn Möhlmann ja als Co-Trainer von Egon Coordes beim Hamburger SV kennengelernt und seitdem war viel passiert. Er brachte uns noch zum Bahnhof und ins Gespräch vertieft waren wir dann schon auf dem Bahnsteig als uns einfiel, dass wir ja noch unser Gepäck im Schließfach hatten. Also schnell mit Herrn Möhlmann wieder nach unten und die Sachen geholt und dann zum Zug. Das war gerade noch einmal gut gegangen. Wir sollten uns nicht von Personen aus dem Fußball von den wichtigen Dingen ablenken lassen.

Ende April fuhren wir ein zweites Mal nach Wien. Inzwischen hatte Familie Daum in der Innenstadt eine Wohnung gefunden. Wir wohnten wieder im gleichen Hotel wie beim ersten Mal. Da wir sehr schönes Wetter hatten, waren wir dieses Mal noch viel mehr unterwegs. Wir fuhren mehrfach zum Training, auf die Donauinsel zum Spazierengehen und erkundeten die Innenstadt. Mit Christoph Daum trafen wir uns häufig zum Essen. Dies war in Wien wesentlich unkomplizierter als in Istanbul. Während er in der Türkei in der Öffentlichkeit keinen ungestörten Schritt machen konnte, ohne umlagert zu werden, interessierte sich in Wien praktisch niemand für den Trainer der Austria. Der Stellenwert des Fußballs ist in Österreich nicht mit dem in der Türkei vergleichbar. In Wien war es problemlos möglich, sich in ein beliebiges Straßencafé oder Restaurant zu setzen, ohne belästigt zu werden. Dies war uns beim ersten Aufenthalt gar nicht so aufgefallen, weil wir meistens im Hotel gegessen hatten.

Im Sommer wechselte Christoph Daum zurück nach Istanbul, dieses Mal aber zu Fenerbahçe. Da eine Reise in die Türkei weiter ist als nach Castrop-Rauxel nutzten wir das dortige Saisonvorbereitungstrainingslager für einen Besuch. Anders als zwei Jahre zuvor in Bitburg, sprachen wir dieses Mal aber alles vorher mit Herrn Daum ab. Wir durften uns für die letzten Tage mit im Mannschaftshotel einquartieren. Es handelte sich um ein relativ kleines Hotel, in dem viele Zimmer und Räumlichkeiten im Erdgeschoss lagen. Im Ruhrgebiet leben viele Türken und scheinbar sind viele davon Fenerbahçe-Fans. Das Hotel war von früh bis spät von Unmengen Fans umlagert, die versuchten, in die Fenster zu spähen, ins Hotel zu gelangen oder anderweitig ein Autogramm oder Foto von einem Spieler oder Trainer zu bekommen. Das ging soweit, dass die Fans sich darum rissen, uns behilflich zu sein, wenn wir einmal vor die Tür gingen. Sie hatten gesehen, dass wir Herrn Daum wohl kennen müssten und erhofften sich Vorteile, wenn jemand von Fenerbahçe sehen würde, dass sie uns halfen. Eine wirklich skurrile Situation.

Zum Ende des Trainingslagers war ein Freundschaftsspiel zwischen Rot-Weiß Essen und Fenerbahçe Istanbul geplant, das wir natürlich auch besuchen wollten. Unsere Begleitpersonen konnten uns aus terminlichen Gründen nicht am Hotel, sondern erst in Essen am Bahnhof abholen. Es war für uns eigentlich kein Problem, mit der Bahn von Castrop-Rauxel nach Essen zu fahren. Der Trainerstab machte sich jedoch große Sorgen um unsere Sicherheit, da es möglicherweise zu Auseinandersetzungen zwischen Essenern und türkischen Fans kommen könnte. Sie bestanden daher darauf, dass wir Fenerbahçe-Trikots anziehen sollten, da die Türken in der Mehrheit seien und uns so notfalls helfen würden. Die Bedenken waren zum Glück unbegründet und wir kamen sicher in Essen an.

25.

Das Fanclubtreffen 2003 in Hamburg brachte eine Neuerung. Erstmals fand es nicht im Umfeld einer Erst- oder Zweitligabegegnung, sondern eines Länderspiels statt. Wir besuchten die Partie Deutschland gegen Island, die zwar zur EM-Qualifikation gehörte, aufgrund der Tabellensituation aber bedeutungslos war. Es war inzwischen selbstverständlich geworden, dass bei Länderspielen in Stadien mit Blindenplätzen diese auch bedient wurden.

Ganz ohne die Unterstützung des Hamburger SV ging es aber auch bei dieser Veranstaltung nicht. Herr Reichert, der die treibende Kraft bei der Einführung der Blindenplätze war, half uns bei der Hotelsuche und der Programmgestaltung.

Nach einigen Jahren Pause trieben wir bei diesem Treffen wieder selber Sport. Die Uni Hamburg hatte sich bereiterklärt, in einer Sporthalle einen Einsteigerkurs in Inline-Skating zu veranstalten. Die allermeisten von uns hatten noch nie auf Inlinern gestanden. Für dieses Experiment hatten wir zusätzliche Begleitpersonen zur Verfügung, sodass jeder Blinde einen Assistenten hatte. Wir waren völlig überrascht über unsere Erfolge. Am Ende des dreistündigen Kurses waren alle in der Lage, sich zumindest langsam vorwärts zu bewegen. Nina und mir hatte diese Aktion so viel Spaß gemacht, dass wir uns um einen Abendkurs bemühten. Es fanden sich mehrere interessierte Blinde und Sehbehinderte zusammen, und wir konnten unsere Kenntnisse ausbauen.

Zum geselligen Abschluss dieses Wochenendes zog es uns in den Hafen. Dort besichtigten wir zunächst ein ausgedientes U-Boot. Die Meinung zu dieser Aktivität ging bei den Teilnehmern sehr auseinander. Einige mochten sich in der Enge des Fahrzeugs nicht aufhalten oder bewegen, andere waren fasziniert von der Möglichkeit, sich das Leben an Bord eines U-Bootes jetzt besser vorstellen zu können.

Heribert Bruchhagen, den wir zehn Jahre zuvor beim HSV kennen gelernt hatten und der uns während seiner Tätigkeit bei der DFL unterstützt hatte, war inzwischen im Vorstand von Eintracht Frankfurt tätig. Ein Mann mit so vielen unterschiedlichen Betätigungsfeldern war prädestiniert für ein Interview für „Blickpunkt Fußball". Wir wandten uns an die Eintracht und erhielten auch eine Zusage für den von uns gewünschten Termin im Vorfeld des Spiels in Leverkusen. Da Herr Bruchhagen aber erst wenige Stunden vor der Partie anreiste, kam ein Gespräch im Mannschaftshotel aus zeitlichen Gründen nicht mehr in Frage. Wir hatten ein ganz neues Problem: Jemand hatte Zeit und Lust, uns ein Interview zu geben, wir hatten aber keinen geeigneten Ort hierfür. Da unsere Aufnahmetechnik nicht gut war, benötigten wir eine möglichst ruhige Umgebung. Der VIP-Bereich der BayArena kam daher nicht in Frage. In unserer Not trugen wir Herrn Dost, dem Pressesprecher von Bayer Leverkusen unser Problem vor. Er erklärte sich freundlicherweise bereit, uns eine Stunde vor Anpfiff sein Büro zur Verfügung zu stellen. Durchaus nicht selbstverständlich, handelte es sich doch um ein Interview mit einem Vertreter des Gastvereins.

Im September flogen wir ein zweites Mal nach Istanbul. Da wir freitags noch arbeiten mussten, nahmen wir einen Flug am späten Nachmittag, mit dem wir gegen 21:30 Uhr in Istanbul ankommen sollten. An diesem Abend hätte sowieso niemand für uns Zeit gehabt, da sich die Mannschaft auf das Spiel am kommenden Tag vorbereitete. Per Taxi sollten wir aber nicht zum Hotel fahren und so beauftragte Herr Daum dieses Mal Eike Immel, der als Torwarttrainer wieder im Team dabei war, uns abzuholen. Gegen 22:00 Uhr landeten wir und wurden auch von Mitarbeitern des Flughafens wie international üblich vom Flugzeug zum Gebäude gebracht. Dort setzte man uns in ein Büro und bat uns zu warten. Lange Zeit geschah dann einfach gar nichts, und als sich jemand blicken ließ, der Englisch sprach und wir nachfragten, wann es weiter zur Passkontrolle und zum Gepäckband ginge, hieß es: „Please wait. The shift is changing!" (Bitte warten Sie. Es ist Schichtwechsel). Der Schichtwechsel dauerte bis 23:00 Uhr und als wir endlich am Gepäckband ankamen, waren unsere Koffer nicht mehr da. Wir standen in Istanbul ohne Gepäck, keiner sprach Englisch und unser Abholer war auch nicht auffindbar. Eike Immel konnten wir nicht erreichen; wir riefen daher bei Herrn Daum an. Dort hatte Herr Immel sich bereits gemeldet und gesagt, dass er uns nicht gefunden habe und deshalb auf dem Rückweg sei. Christoph Daum war sehr erleichtert, von uns zu hören. Er hatte uns nicht anrufen können, weil aus unerklärlichen Gründen niemand unsere Handynummern hatte. Murat, der wieder als Dolmetscher für Herrn Daum arbeitete, rief daraufhin am Flughafen an und kurze Zeit später kam jemand mit unserem Gepäck. Kurz nach Mitternacht war dann auch

Eike Immel wieder am Flughafen und wir konnten uns auf den Weg Richtung Hotel machen. Wir hatten ein ungutes Gefühl, weil wir den gesamten Trainerstab am Tag vor einem Spiel bis in die Nacht in Atem gehalten hatten.

Der Besuch der Partie gegen Malatyaspor am nächsten Tag war ein echtes Erlebnis. Die Stimmung im Sükrü-Saracoglu-Stadion, wo Fenerbahçe seine Heimspiele austrägt, ist sensationell. Bei Fernsehübertragungen lässt sich die tatsächliche Atmosphäre und Lautstärke der Gesänge nur erahnen. Wir waren wirklich beeindruckt.

Bereits bei unserem ersten Istanbul-Aufenthalt hatte uns der Gewürzbazar so gut gefallen, dass wir mit unserem Guide erneut dorthin fuhren. Auf einer großen überdachten Fläche reiht sich Gewürzstand an Gewürzstand. Der Duft ist faszinierend. Neben Gewürzen aller Art und Herkunft werden auch Trockenfrüchte wie Rosinen, Datteln und Feigen sowie Nüsse angeboten.

Unsere Rückreise klappte problemlos, wenn man einmal davon absieht, dass wir unseren Flug gerne nach München umgebucht hätten. Wir hatten nämlich am nächsten Tag eine Einladung zu einer Präsentation in der Allianz-Arena. So mussten wir von Istanbul abends erst nach Hamburg fliegen und von dort am nächsten Morgen nach München. Besonders ärgerlich war, dass die Fluggesellschaft uns dann auch noch unseren Flug nach München strich und uns auf einen späteren umbuchte. Dadurch kamen wir unverschuldet zu spät zu der Veranstaltung. Es handelte sich um eine

Pressekonferenz, auf der die geplanten Einrichtungen für Menschen mit Behinderung im neuen Stadion vorgestellt wurden. Da wir als Fachleute für den Bereich der Plätze mit Spielreportage galten, waren wir eingeladen worden.

Solche Veranstaltungen sind sehr wichtig, weil so die Möglichkeit besteht, in der Öffentlichkeit Verständnis für die Bedürfnisse Behinderter zu wecken.

26.

„Chelsea baut auf während wir sehen, dass der vierte Offizielle da draußen das Schild hochhält, wo draufsteht: eine Minute Nachspielzeit. Dann können wir jetzt mal ein bisschen die erste Halbzeit zusammenfassen: Leverkusen macht eine ordentliche Partie. Chelsea kam kaum zum Abschluss, höchstens mal in den Minuten vor der Halbzeit. Aber man merkt, dass hier auch drei Punkte für Bayer 04 drin sind. Das kann ich euch erzählen, weil Chelsea in aller Ruhe aufbaut."

Auch wenn die BayArena wegen ihrer zu geringen Größe nicht zu den zwölf Stadien für die Weltmeisterschaft 2006 gehörte, wollten wir selbstverständlich alles daran setzen, dass es für dieses Großereignis ein spezielles Angebot für Blinde und Sehbehinderte gäbe. Uns war aber bewusst, dass dies ein sehr schwieriges Unterfangen werden würde. Schließlich hatte es Derartiges bis dahin bei einem internationalen Turnier noch nicht gegeben, und somit war das Thema bei der FIFA gänzlich unbekannt. Bislang hatten wir nur mit Herrn Florin über diese Angelegenheit gesprochen. Er sah die Sache sehr skeptisch, wollte sich aber nach Kräften bemühen.

Den ersten direkten Kontakt zu Mitgliedern des Organisationskomitees (im Folgenden OK) hatten wir im März 2005. Wir wurden zu einer Gesprächsrunde der Bundesbehindertenfanarbeitsgemeinschaft (BBAG) mit Vertretern verschiedener Abteilungen, bei der es in erster Linie um die Belange der Rollstuhlfahrer bei der WM ging, eingeladen. Das Thema Plätze mit Spielreportage war aber kurzfristig in die Tagesordnung aufgenommen worden. Der Umstand, dass mit Herrn Florin ein Fürsprecher für unser Anliegen anwesend war, ließ uns mit Optimismus in das Meeting gehen. Wir erörterten den Anwesenden die Idee und die Umsetzung von Spezialplätzen mit Spielreportage. Aus den Erfahrungen in der Bundesliga und aufgrund der Knappheit der WM-Tickets im Allgemeinen schlugen wir eine Anzahl von zehn Plätzen für Nutzer, 10 Plätzen für deren Begleitpersonen und zwei Plätzen für die Reporter vor. Schnell wurde deutlich, dass seitens des Ticketings keinerlei Bereitschaft zur Berücksichtigung von Blindenplätzen bestand: Man habe von solchen Spezialplätzen noch nie gehört und die Stadionpläne seien fertig. Es gäbe zu diesem Zeitpunkt keine Möglichkeit mehr, Plätze für diese Personengruppe zu definieren und als spezielles Kartenkontingent anzubieten. Außerdem hätte man bereits ausreichend Tickets für Rollstuhlfahrer vorgesehen. Es sei nicht nachzuvollziehen, weshalb nun eine andere Gruppe Behinderter spezielle Regelungen wünsche. Für uns war es unmöglich, diese Darstellung zu entkräften. Dafür fehlte uns einerseits das Hintergrundwissen, andererseits fühlten wir uns völlig überrumpelt. Glücklicherweise sprang uns Herr Florin zur Seite und machte deutlich, dass das Thema nicht so einfach abgeschmettert werden könne. Es wurde am Ende der Sitzung jedoch keine Vereinbarung über eine Weiterverfolgung dieses Themas getroffen. Bei diesem Treffen wurde uns endgültig klar, dass es uns ohne die Unterstützung einflussreicher Personen aus dem Fußball nicht gelingen würde, Blindenplätze bei der WM durchzusetzen.

Kurze Zeit später erfuhren wir, dass Reiner Calmund bezüglich dieses Themas beim Präsidium des Organisationskomitees eine Eingabe gemacht hatte. Wir erläuterten daraufhin in einem ausführlichen Schreiben an dieselben Herren aus unserer Sicht die Notwendigkeit von Spezialplätzen.

Etwas überrascht, vor allem aber sehr erfreut waren wir, als wir von der Abteilung „Städte und Stadien" des WM-OKs im Mai aufgefordert wurden, eine Aufstellung über die Status der Einrichtung von Plätzen mit Spielreportage in den einzelnen WM-Stadien vorzulegen. Hieraus schlossen wir, dass unser Anliegen entgegen unseren Befürchtungen doch weiter bearbeitet wurde. Uns war bewusst, dass die von uns gelieferten Daten nicht dazu beitragen konnten, die Verantwortlichen zu überzeugen. Ein Sonderkontingent würde nur durchsetzbar sein, wenn der Service bei allen 64 Spielen in allen zwölf Stadien angeboten werden könnte. Zu diesem Zeitpunkt verfügten mit Hamburg, Gelsenkirchen und Köln aber nach wie vor nur drei Arenen über ein laufendes Projekt. Allerdings würden mit dem Start der folgenden Saison im August mit Hannover, Dortmund und München drei weitere Standorte den Betrieb aufnehmen. In Berlin war zwar die Technik bereits vorhanden, über die endgültige Umsetzung von Spezialplätzen war aber noch nicht abschließend gesprochen worden. Wir vertraten bezüglich der fehlenden fünf Spielstätten aber die Ansicht, bis zur WM im kommenden Sommer Lösungen zu finden.

Ein weiteres mögliches Gegenargument des OKs und der FIFA versuchten wir bereits im Vorfeld zu entkräften: Es konnte die Forderung aufkommen, dass die Reportage je nach Bedarf der Besucher in verschiedenen Sprachen angeboten werden müsste. Wir erfuhren jedoch in Leverkusen, dass bei internationalen Spielen noch nie eine fremdsprachige Reportage angefordert worden sei. Sollte dies bei der WM dennoch der Fall sein, sicherten wir zu, für die FIFA-Sprachen Englisch, Französisch und Spanisch die entsprechenden Reporter zur Verfügung zu stellen.

Im Juli fand ein zweites Gespräch mit Vertretern des Organisationskomitees statt. In dessen Verlauf wurde deutlich, dass das OK nun bereit war, das Thema Plätze mit Spielreportage ernsthaft zu verfolgen. Dies war ein sehr wichtiger Schritt, denn nur wenn das OK von der Sache überzeugt war, bestand auch die Hoffnung, dass das Komitee sich um die Zustimmung der FIFA bemühen würde. Ohne diese Zustimmung würde es kein Spezialangebot geben können.

Da die grundsätzliche Gesprächsbereitschaft vorhanden war, wandten wir uns bei diesem Meeting einer entscheidenden Frage zu: Das Kartenbestellverfahren, welches für die normalen Tickets galt, konnte für die Blindenkarten nicht übernommen werden. Einerseits war das Bestellformular nicht für Eintrittskarten aus Sonderkontingenten geeignet und andererseits war dieses Verfahren nicht barrierefrei. Dies hätte bedeutet, dass Blinde nicht in der Lage gewesen wären, sich selbständig um Tickets zu bewerben, weil sie das notwendige Formular aus technischen Gründen am Computer nicht ausfüllen konnten. Wir schlugen dem OK daher ein telefonisches Verfahren vor. Unserer Idee wurde prinzipiell zugestimmt, ohne jedoch zunächst die Details zu erörtern.

27.

„Wir sind zurück zur zweiten Hälfte. Die Mannschaft von Bayer 04 steht schon komplett wieder auf dem Rasen, wird in der zweiten Hälfte hier auf uns zustürmen. Es gibt keine Wechsel bei Bayer 04 soweit ich das überblicken kann. In diesem Moment kommt jetzt auch Chelsea auf den Rasen, angeführt von Keeper Cech. Jetzt sind sie alle wieder da; und auch das sieht so aus, als ob sich da personell zunächst nichts ändert."

Während der Saison 2005/2006 hatten wir kaum Gelegenheit, Spiele hier in der BayArena zu besuchen. Stattdessen galt es, sich um die WM-Stadien zu kümmern. In Dortmund, Hannover und München wussten wir aus gemeinsamen Gesprächen, dass die Projekte im August/September gestartet werden sollten. Kurzfristig kam dann erfreulicherweise auch noch Berlin hinzu. Ohne unsere Mithilfe entstanden gleichzeitig noch Angebote in Nürnberg und Stuttgart. Da uns sehr viel an einer gleichmäßig hohen Qualität der Reportagen lag, besuchten wir in der Anfangsphase der Saison alle diese Stadien, um den Reportern Tipps und Anregungen zu geben. Außerdem wurden immer mehr Medienvertreter auf dieses Spezialangebot aufmerksam, was weitere Fahrten zu Spielen erforderlich machte, da die Berichte bevorzugt vor dem Hintergrund eines Spiels entstehen sollten.

Im Laufe des Herbstes zeichnete sich ab, dass die Chancen auf ein Sonderkartenkontingent für Blinde und Sehbehinderte bei der WM immer besser standen. Es fehlte lediglich noch die formale Zustimmung der FIFA, die bis Mitte Januar 2006 auf sich warten ließ. Zu diesem Zeitpunkt hatten wir bereits alle wichtigen Fragen mit dem OK besprochen: Es würde für jedes Spiel die von uns vorgeschlagenen 10 Blindenplätze geben. In den Stadien mit bestehenden Projekten würde auf die vorhandene Technik und auf die bewährten Reporter zurückgegriffen. Die Tickets würden unter einer speziell geschalteten Telefonnummer während der letzten offiziellen Verkaufsphase von Mitte Februar bis Mitte März bestellt werden können. Genau wie bei den normalen Tickets würden auch hier die Bestellungen gesammelt und bei zu großer Nachfrage den vorhandenen Eintrittskarten zugelost.

Mitte Januar kam dann endlich die erlösende Nachricht; Die FIFA hatte endgültig zugestimmt. Wir waren am Ziel. Es gab ein 1.280 Tickets (10 Nutzer- plus 10 Begleiterkarten bei allen 64 Spielen) umfassendes Sonderkartenkontingent. Wenn man bedenkt, dass es sich um weniger als 0,1 % der freiverkäuflichen Karten handelte, eine Kleinigkeit, die bei den vielen Begehrlichkeiten rund um ein solches Großereignis nur sehr schwer durchzusetzen war.

Nun galt es, die Bestelltelefonnummer bekanntzugeben. Dies musste aber sehr genau bedacht werden. Da unter dieser Nummer ausschließlich die Blinden und Sehbehinderten ihre Bestellungen vornehmen sollten, durfte die Hotline nicht in den regulären Medien veröffentlicht werden. Dies hätte dazu geführt, dass die Nummer von Unbefugten als „Kummerkasten" für jegliche Art von Anfragen genutzt worden wäre und die eigentliche Zielgruppe dort gar nicht hätte anrufen können. Wir entschieden uns daher für die Verbreitung über die sogenannten blindenspezifischen Medien, wie Audiozeitschriften, den Blindenpressedienst, die Selbsthilfeverbände und E-Mail-Verteiler. So gelang es uns erfreulicherweise, dass die meisten Interessierten die Nummer erfuhren, ohne dass ein Missbrauch betrieben wurde.

Unruhe kam noch einmal auf, als am 15. Februar, dem ersten Tag der Bestellannahme die Telefonnummer nicht, wie zugesagt, ab 10:00 Uhr frei geschaltet war. Einige befürchteten schon, dass die gesamte Aktion eine Falschmeldung gewesen sei. Zum Glück gelang es der Telekom, die technischen Probleme um 12:00 Uhr zu beheben und alles lief planmäßig.

Während dieser Verkaufsphase stellte sich heraus, dass zu den Spielen der englischen Nationalmannschaft jeweils fünf Karten nach England gingen, so dass bei diesen Partien in zwei Sprachen reportiert werden musste. Hierfür hatten wir aber bereits vorgesorgt und einen englischsprachigen Reporter organisiert.

Am Ende der einmonatigen Verkaufsphase war das Kartenkontingent für die meisten Spiele ausgeschöpft. Die Restkarten wurden in einer zweiten Phase ab Mitte April vollständig verkauft. Insgesamt hatten sich auf die 640 Kartenpaare 410 Blinde und Sehbehinderte beworben, so dass jeder wenigstens ein Spiel live erleben konnte.

Zu diesem Zeitpunkt gab es in Leipzig, Frankfurt und Kaiserslautern weder eine Übertragungsanlage noch Reporter. Für Kaiserslautern meldeten sich erfreulicherweise zwei Herren bei uns, die dort auch im laufenden Spielbetrieb gern reportieren wollten. Wir fuhren zu einem Ligaspiel zum Betzenberg und arbeiteten die beiden in ihre Aufgabe ein. Es sollte vermieden werden, dass gerade zur WM in einem Stadion Reporter sitzen, die keinerlei Einweisung erhalten hatten. In Frankfurt ließ sich in der Kürze der Zeit keine lokale Lösung finden. Wir waren nicht unglücklich, den Reportern aus Leverkusen, die ja keine eigenen Spiele hatten, aber von Anfang an dabei waren, die Möglichkeit anbieten zu können, in Frankfurt einzuspringen. Sie willigten gern ein. Im Zentralstadion in Leipzig fand kein regelmäßiger Spielbetrieb statt. Daher gab es dort auch keine Reporter. Dieser Spielort wurde aus Nürnberg mitversorgt. Die benötigte Technik in diesen drei Stadien wurde vom WM-OK zur Verfügung gestellt.

Alle Reporter wurden organisatorisch dem Volunteersprogramm zugeordnet, was zur Folge hatte, dass sie von den jeweiligen Regionalbüros des OKs hätten kontaktiert werden müssen, um die für die Akkreditierung notwendigen Daten zu erfassen. Häufig waren aber die Reporter diesen Büros nicht bekannt. Uns kam ein Fall zu Ohren, in dem eine Person diese Informationslücke ausnutzen wollte. Sie meldete sich beim OK-Büro und behauptete Reporter zu sein, um auf diese Weise WM-Spiele sehen zu können, ohne sich um Eintrittskarten bewerben zu müssen. Um solchen

Missbrauch zu vermeiden, vereinbarten wir mit dem Verantwortlichen der Volunteersabteilung, dass wir alle gemeldeten Reporterdaten überprüften, bevor diese ihre Akkreditierung erhielten. Es war uns sehr wichtig, dass die Reporter, die Spieltag für Spieltag im Stadion meist ehrenamtlich ihren Job machten, nun auch in den Genuss der WM kämen. Diese gesamte Prozedur nahm den März, April und Mai in Anspruch, weil es häufig auch noch zu Kommunikationsproblemen zwischen den Regionalbüros und der Zentrale in Frankfurt kam.

Kurz vor dem Eröffnungsspiel schien dann alles geklärt: In allen Stadien sollten die Übertragungsanlagen getestet und die Reporter instruiert sein. Einen halben Tag vor dem ersten Spiel in Kaiserslautern meldete sich dann ein Reporter mit der Hiobsbotschaft, dass die Anlage nicht funktioniere. Wir meldeten diese Panne nach Frankfurt und irgendwie gelang es noch gerade rechtzeitig, alles zum Laufen zu bringen.

Wir waren sehr erleichtert, als in allen Stadien die ersten Spiele absolviert waren und es keine weiteren Probleme gab. Erst jetzt fiel die Anspannung von uns ab. Natürlich fühlten wir uns für den reibungslosen Ablauf mit verantwortlich. Schließlich hatten wir unendlich viel Zeit und Energie in die Verwirklichung der Idee, erstmals Plätze mit Spezialreportage bei einem internationalen Turnier anzubieten, investiert.

28.

Fünfeinhalb Jahre mussten wir auf die nächste Gelegenheit warten, Rudi Völler als Gesprächsgast zu einem unserer Fanclubtreffen einladen zu können. Im April 1999 war ja Kurt Vossen eingesprungen und hatte den folgenschweren Vorschlag zur Einführung von Blindenplätzen gemacht. Für die Veranstaltung im Herbst 2004 gelang es uns nicht, einen Verein als Gastgeber zu gewinnen, der uns auch bei der Programmgestaltung unterstützt. Wir entschieden uns deshalb für ein Treffen in Köln, wo wir über unterschiedliche Kontakte alles Notwendige organisieren konnten. Neben dem obligatorischen Spielbesuch gelang es uns, die unterschiedlichsten Gesprächspartner einzuladen: Für viele Rundfunkinteressierte bildete die Talkrunde mit Dietmar Schott vom Westdeutschen Rundfunk einen Höhepunkt. Andere freuten sich über die Möglichkeit, Rudi Völler persönlich kennenzulernen oder zu erleben, dass Reiner Calmund wirklich kaum zu stoppen ist, wenn er einmal redet. Auch der schreibende Journalist Karl-Heinz Weßkamp hatte vieles zu erzählen. Der Besuch im Sport- und Olympiamuseum bildete den kulturellen Teil des Wochenendes. Während einer Führung konnten wir dort auch viele Exponate anfassen, wie z. B. Boxhandschuhe, Rennrodelschlitten und Bobs. Erst die Möglichkeit, Ausstellungsstücke ertasten zu können, macht einen Museumsbesuch für Blinde wirklich interessant.

Die Gruppenauslosung zur Champions-League bescherte Bayer Leverkusen Real Madrid als Gegner, eine willkommene Gelegenheit, einmal ein Spiel im berühmten Bernabeu-Stadion zu besuchen. Eintrittskarten besorgten wir uns über das Gästekartenkontingent von Bayer 04. Für diese Reise benötigten wir natürlich eine Begleitperson, auch deshalb, weil es in Madrid keine Spielreportage gab. Maike Bertram, die uns schon seit vielen Jahren zu diversen Spielen ins Stadion begleitet und vor der Einführung der Blindenplätze auch reportiert hatte, nahm unser Angebot, mit nach Spanien zu fahren, gern an. Wir flogen also Ende November nach Madrid. Ein Arbeitskollege, dessen Tochter dort lebt, hatte uns ein Hotel empfohlen und uns mit den notwendigsten Informationen wie U-Bahn-Netzplan und Wegbeschreibungen versorgt. Er warnte uns auch davor, dass es um diese Jahreszeit abends schon recht kalt sein kann. Wir machten uns also mit mehreren Schichten bekleidet auf den Weg zum Stadion. Als wir nach unendlich erscheinendem Treppensteigen schwitzend ganz oben unter dem Dach des riesigen Stadions bei unseren Plätzen ankamen, stellten wir fest, dass wir nur wenige Meter unter übergroßen Heizstrahlern saßen, mit denen die gesamte Arena beheizt wird. Bereits als das Spiel begann, hatten wir uns bei Außentemperaturen von kaum über null Grad bis auf das T-Shirt ausgezogen. Ein sehr positives Erlebnis war die Hilfsbereitschaft der anderen in unserer Nähe sitzenden Fans von Bayer Leverkusen. Sie boten Maike spontan an, beim Reportieren zu helfen, weil es hier ja den ihnen auch bekannten Service für Blinde nicht gäbe. Diese Reise war eine schöne Erfahrung.

Im Sommer 2005 hatten wir die Gelegenheit, das Aktuelle Sport-Studio als Begleiter eines Studiogastes zu besuchen.

Christoph Daum war eingeladen und sein Sohn, der eigentlich mitfahren sollte, hatte keine Zeit. Da Herr Daum gerne jede Möglichkeit nutzt, uns und unser Projekt bei vielen Personen bekanntzumachen, bot er uns an, mit nach Mainz zu fahren. Im Gegensatz zu Studiozuschauern, die nur die Sendung von den Zuschauertribünen im Studio aus verfolgen, dürfen sich die Begleiter der Gäste zusätzlich vor und nach der Sendung in einem Raum aufhalten, den auch die Redakteure und der Moderator nutzen. Insbesondere im Anschluss an die Sendung wird dort häufig noch sehr lange zusammengesessen. Bei dieser Gelegenheit lernten wir Michael Steinbrecher kennen, der an diesem Abend moderierte. Er war sehr an den Besonderheiten einer Spezialreportage für Blinde interessiert und wollte dies gerne einmal selber ausprobieren. Da es zu diesem Zeitpunkt beim FSV Mainz 05 noch keine Blindenplätze gab, wir das Stadion wegen der guten Stimmung aber gerne einmal wieder besuchen wollten, vereinbarten wir mit Herrn Steinbrecher einen gemeinsamen Stadionbesuch in der folgenden Saison.

Bereits im Herbst gelang es uns, einen Spieltermin zu finden, an dem weder Herr Steinbrecher arbeiten, noch wir einen dringenden Besuch in einem WM-Stadion tätigen mussten. Wir erlebten einen schönen Nachmittag, bei dem besonders angenehm auffiel, dass Herr Steinbrecher seine Bekanntheit weder auf der Tribüne noch bei der obligatorischen Pressekonferenz nach dem Spiel, die wir als Zuschauer besuchten, in irgendeiner Weise zur Schau trug. Bei der Reportage gab er sich große Mühe. Es wurde aber einmal mehr deutlich, dass es Fernsehjournalisten schwerfällt, sich auf die speziellen Anforderungen an eine Blindenreportage einzustellen. Auf jeden Fall war es für uns alle eine positive Erfahrung.

Mitten in der Endphase der Vorbereitung auf die WM nahmen wir uns eine viertägige Auszeit, um Christoph Daum erneut in Istanbul zu besuchen. Vorsichtshalber schickte Herr Daum dieses Mal mit Ilhan, der die Familie im Alltag unterstützte, einen Abholer zum Flughafen, der Türkisch sprach. Glücklicherweise wäre dies aber nicht erforderlich gewesen, weil alles reibungslos klappte. Auf unseren Wunsch engagierte Herr Daum für diesen Kurzurlaub keinen Fremdenführer, sondern beauftragte Ilhan, mit uns die Stadt unsicher zu machen. Die wichtigsten Sehenswürdigkeiten hatten wir bereits besucht, und uns interessierte nun mehr das alltägliche Leben in Istanbul. Mit Ilhan setzten wir uns in ein Straßencafé und ließen die Atmosphäre auf uns wirken und aßen an einem Imbiss typische Speisen. Selbstverständlich waren wir auch beim Heimspiel von Fenerbahçe gegen Konyaspor dabei. Da wir das Spiel gemeinsam mit Ilhan und einem weiteren deutschen Gast besuchten, hatten wir Karten für den VIP-Bereich. Als unsere Begleiter vor dem Spiel gerne im Innenbereich noch etwas essen wollten, wir aber bereits auf der Tribüne saßen, um die Atmosphäre zu erleben, entdeckten uns türkische Journalisten. Wie sie auf uns aufmerksam geworden waren, wussten wir nicht. Offensichtlich wollten sie mit uns ein Interview führen. Dies erwies sich jedoch als unmöglich: Unser Dolmetscher war nicht greifbar, und aufgrund der enormen Lautstärke war auch eine Verständigung in gebrochenem Englisch nicht möglich. Wir waren sehr erleichtert, als das Team wieder abzog. Jedoch hatten wir uns zu früh gefreut. Als wir nach dem Spiel in der Tiefgarage des Stadions auf Christoph Daum warteten, waren alle wieder da. Jetzt war dann aber auch ein Interview möglich, weil Ilhan als Übersetzer zur Verfügung stand. So kamen wir ins türkische Fernsehen, was zur Folge hatte, dass sich am nächsten Tag, als wir am Vereinsgelände von Fenerbahçe das Training verfolgen wollten, eine ganze Journalistenmeute auf uns stürzte – sehr zur Freude von Christoph Daum: „Jetzt wisst ihr mal, wie das ist und mich lassen die vorübergehend in Ruhe."

29.

Wir waren sehr erstaunt, als wir im April 2006 eine Einladung zu einer Ehrenamtsgala des Schleswig-Holsteinischen Fußball-Verbands erhielten. Wie wir erfuhren, handelte es sich um eine Veranstaltungsreihe der Landesverbände in Zusammenarbeit mit dem WM-Organisationskomitee im Vorfeld des Turniers, bei der ehrenamtliche Mitarbeiter geehrt werden sollten. Wir vermuteten, dass wir wegen unseres Engagements für die Plätze mit Spielreportage auf die Gästeliste gekommen waren. Den Hauptgrund hierfür sollten wir erst Monate später erfahren.

Die Veranstaltung fand in der Marienkirche in Lübeck statt. Man hatte das Gestühl entfernt und durch lange Tafeln ersetzt. Es nahmen etwa 200 Personen an dieser Gala teil. Im Anschluss an einige Reden und kurze Podiumsdiskussionen wurde ein festliches Essen serviert. Den Höhepunkt des Abends bildete die Präsentation der originalen WM-Trophäe. Dieser Pokal hat einen sehr hohen materiellen und ideellen Wert. Er wird nur im Umfeld der WM aus dem Safe der FIFA-Zentrale geholt und verbleibt auch nicht, wie bei den meisten anderen Pokalen üblich, bis zum nächsten Turnier beim Sieger. Es ist „Normalsterblichen" eigentlich nicht gestattet, diese Trophäe zu berühren. Daher waren wir sehr überrascht, als man uns nach dem Essen die Nachricht überbrachte, dass man sich entschieden habe, für uns eine Ausnahme zu machen. Wir sollten auf die Bühne kommen und dürften das wertvolle Stück ertasten. Wir freuten uns über dieses Privileg, um das wir nicht gebeten hatten. Es war schon etwas ganz besonderes, diesen wertvollen Pokal einmal selbst in den Händen zu halten.

Während der WM besuchten wir insgesamt fünf Spiele. Von der Stimmung in den Stadien waren wir enttäuscht, bis auf eine Ausnahme: Beim Spiel Tschechien gegen Ghana in Köln waren die allermeisten Zuschauer neutral, schlugen sich aber schnell auf die Seite des Außenseiters Ghana. Als der Underdog sich dann anschickte, das Spiel zu gewinnen, entwickelte sich im Stadion eine riesige Party mit ununterbrochenem Singen von Karnevalsliedern. Nach der Begegnung wirkten die Spieler sichtlich irritiert. Sie konnten offensichtlich nicht verstehen, was um sie herum passierte.

Nach der WM brauchten wir dringend Urlaub und fuhren deshalb nach Herrsching am Ammersee südlich von München in eine Ferienwohnung, wo wir auch in den vergangenen Jahren unseren Sommerurlaub verbracht hatten. Da wir sehr gerne schwimmen, aber keine sehende Begleitperson zur Verfügung hatten, mussten wir eine Lösung suchen, wie dies auch alleine gefahrlos möglich sei. Zunächst gingen wir ins Strandbad, weil dort ein Schwimmbereich durch Leinen abgegrenzt ist. Um uns nicht zu verlieren, nutzten wir zuerst eine Leine, die jeder an einem Ende anfasste. Wir merkten aber schnell, dass dies gar nicht erforderlich war, wenn wir uns beim Schwimmen unterhielten. Später entschieden wir uns dafür, direkt gegenüber unserer Ferienwohnung, wo sich ein Kiesstreifen am Wasser befand, schwimmen zu gehen. In diesem Bereich bestand keine Gefahr durch die Ausflugsschiffe, weil dort diverse Segelboote vor Anker lagen. In diesem Bereich konnte ich mich mit meinem Sehrest gut am Uferstreifen und an den Booten orientieren. Im Sommer 2005 erzählten uns unsere Vermieter, mit denen wir uns inzwischen angefreundet hatten, dass jedes Jahr ein großes Schwimmen über einen schmaleren Bereich des Sees organisiert wird. Das brachte uns während einer Schiffsfahrt über die breiteste Stelle auf die Idee, im WM-Sommer in Eigenregie die 6,2 km quer über den Ammersee in Angriff zu nehmen. Unsere Freunde erklärten sich bereit, uns mit einem Boot zu begleiten. Wir berichteten Egon Coordes und Christoph Daum von diesem Plan. Sie waren einhellig der Meinung, dass wir dies niemals schaffen würden und von dem Plan Abstand nehmen sollten. Diese Ansicht motivierte uns aber zusätzlich. Da wir das Schwimmen in Bädern nicht mögen, es in Hamburg aber keine andere Möglichkeit gab, begannen wir erst in Herrsching mit dem Training. Wir schwammen jeden Tag unsere Bahnen, experimentierten ein wenig mit der Ernährung vor dem Training und starteten am 18. Tag unseres Urlaubs den großen Versuch. Unsere Vermieter liehen sich ein Elektroboot und fuhren als Orientierungshilfe und natürlich zur Sicherheit voraus. Wir kamen nach 3 Stunden und zwanzig Minuten am anderen Ufer an. Als erstes riefen wir Herrn Coordes und Herrn Daum an, um von unserem Erfolg zu berichten. Sie erklärten uns einstimmig für verrückt. Wir waren selbst erstaunt darüber, was man auch körperlich schaffen kann, wenn man es sich fest vornimmt. Nach der hohen geistigen Belastung im Vorfeld der WM bildete diese körperliche Herausforderung einen schönen Ausgleich.

Völlig verblüfft waren wir, als wir im August einen Brief vom Bundespräsidialamt erhielten, in dem wir für den 4. Oktober nach Berlin eingeladen wurden. Wir sollten dort im Rahmen einer Verleihungszeremonie im Schloss Bellevue von Bundespräsident Horst Köhler das Bundesverdienstkreuz am Bande für unser Engagement für die Integration blinder und sehbehinderter Fußballfans verliehen bekommen. Natürlich freuten wir uns hierüber, fragten uns aber selbstverständlich auch, wem wir diese Ehrung zu verdanken hatten. Schnell stellte sich heraus, dass Gerhard Stoll, Vorstandsmitglied des Fanclubs, uns vorgeschlagen hatte. Unter anderem Kurt Vossen hatte für uns die notwendigen Referenzen ausgestellt. Herr Stoll und Herr Vossen standen schon seit Monaten zu diesem Thema in Kontakt, durften uns aber aus rechtlichen Gründen nichts davon erzählen. Nun wurde auch klar, warum wir zur Ehrenamtsgala nach Lübeck eingeladen worden waren. Aufgrund unserer Nominierung und Ninas Erstwohnsitzes in Schleswig-Holstein waren unsere Namen bei der Kieler Staatskanzlei bekannt und wir rutschten auf die Gästeliste. In diesem Zusammenhang standen Herr Stoll und Herr Vossen große Sorgen aus, dass wir möglicherweise von der Nominierung hätten erfahren können. Den Nominierungsvorschlag hatte Herr Stoll wegen unserer Wohnsitze in Hamburg und Schleswig-Holstein eingereicht. Die betreffenden Staatskanzleien prüfen mit mindestens fünf vom Anreger zu benennenden Referenzpersonen die Richtigkeit der Angaben. Anschließend werden die Vorschläge zur Entscheidung an das Bundespräsidialamt nach Berlin geschickt, wo dann eine Zustimmung oder Ablehnung erfolgt. Der Bundespräsident entscheidet, welche Ehrungen er selbst vornimmt und welche an die Länder zurückgehen, wo die Verleihung dann durch den Ministerpräsidenten oder den Bürgermeister erfolgt.

Wir fuhren am 3. Oktober mit unseren Müttern als Begleitung nach Berlin, wo am Nachmittag eine Führung durch das Schloss Bellevue und eine Informationsveranstaltung zur Verleihungszeremonie am Folgetag angeboten wurde. Am nächsten Vormittag fand dann in einem großen Saal die Verleihung statt. Es wurden insgesamt 50 unterschiedliche Personen ausgezeichnet, u. a. Franz Beckenbauer. Zu jedem Projekt wurde die Begründung verlesen, und die Ausgezeichneten wurden mit Herrn Köhler und Frau fotografiert. Im Anschluss an diesen Festakt fand noch ein Stehempfang statt. Der Protokollchef der Veranstaltung hatte uns schon im Vorfeld darüber informiert, dass Herr Köhler bei dieser Gelegenheit das Gespräch mit uns suchen wolle. Wir führten eine sehr nette, unkomplizierte Unterhaltung, in deren Verlauf deutlich wurde, dass der Bundespräsident persönlich stark an unserer Arbeit interessiert ist.

Sicherlich gehörte diese Veranstaltung zu den beeindruckkendsten Erlebnissen der gesamten Fanclub-Geschichte.

30.

„Meireles zu Lampard, der dreht sich um die eigene Achse, spielt rechts raus zu Sturridge, Sturridge Mitte der gegnerischen Hälfte, zieht in die Mitte rein. Achtung, vorne reingespielt für Drogba. Der ist im Strafraum, kann sich drehen, Drogba immer noch im Ballbesitz, schießt und Tooooor für Chelsea."

Hier in Leverkusen hatten wir von Anfang an Reporter, die Ihren Job so gut machten, dass kein Schulungsbedarf bestand. Im Vorfeld der WM wurde jedoch verstärkt deutlich, dass das nicht überall so war. Aus dem Kreis der Reporter kam außerdem immer häufiger der Wunsch nach einer intensiveren Schulung. Es gab inzwischen aber so viele Stadien mit einer Spezialreportage, dass es für uns nicht mehr möglich war, allen Reportern ausreichend Feedback zu geben. Wir besprachen dieses Problem mit Kurt Vossen, der uns seit Einführung der Blindenplätze in Leverkusen immer beratend zur Seite gestanden hatte. Gemeinsam entwickelten wir ein Konzept für ein Wochenendseminar, dass sowohl der Schulung als auch dem Erfahrungsaustausch der Reporter dienen sollte. Da es sich fast ausschließlich um Ehrenamtler handelte, mussten wir eine Möglichkeit für die Finanzierung des Seminars suchen. Wir wandten uns an die Deutsche Fußball-Liga, erhielten aber leider eine Absage.

Seit einigen Jahren arbeiteten wir als Beiratsmitglied der Bundesbehindertenfanarbeitsgemeinschaft (BBAG) gemeinsam an der Verbesserung der Situation behinderter

Fußballfans. Es wurde aber immer deutlicher, dass sich die Bedürfnisse der blinden und sehbehinderten Stadionbesucher stark von denen der anderen Behinderten unterschieden und dass es somit nicht adäquat möglich war, alle Interessen von einer Organisation vertreten zu lassen. Dies zeigt auch die Erfahrung aus der Behindertenpolitik, wo jede Behindertengruppe einen eigenen Selbsthilfeverband hat. Daher betrachteten wir es als notwendig, der DFL als Vertreter der Profivereine gegenüber unsere spezifischen Anforderungen deutlich zu machen. Durch Vermittlung von Herrn Holzhäuser, Geschäftsführer bei Bayer Leverkusen und langjähriger DFL-Funktionär, erhielten wir im August 2007 einen Gesprächstermin bei Herrn Hieronymus, dem zuständigen Geschäftsführer der DFL. Wir erläuterten unsere Auffassung über die Problematik einer gemeinsamen Interessenvertretung aller Behinderter durch eine Organisation. Herr Hieronymus folgte unserer Argumentation und sicherte dem Fanclub Sehhunde die Rolle des Ansprechpartners für die Belange blinder und sehbehinderter Fußballfans zu. Außerdem versprach er uns eine erneute Prüfung der Restkostenübernahme für das Reporterseminar. Es war uns zwischenzeitlich gelungen, eine Zusage über die Teilfinanzierung durch die „Aktion Mensch – Deutsche Behindertenhilfe" zu bekommen. Wir freuten uns sehr, als wir einige Wochen später die Bewilligung von der DFL erhielten, sodass wir das Seminar endgültig planen konnten. Als Termin kam nur eines der wenigen spielfreien Wochenenden während der Saison in Frage, da die Reporter an Spieltagen im Einsatz und außerhalb der Saison häufig im Urlaub sind. Wir fanden einen passenden Zeitpunkt im November.

Zu unserer großen Freude gelang es uns, Broder-Jürgen Trede, der am Institut für Sportjournalistik der Uni Hamburg seinerzeit ein zweisemestriges Seminar für Reporter an Blindenplätzen geleitet hatte, als Referenten für das Reporterseminar zu gewinnen. Gemeinsam legten wir die Inhalte für die zweitägige Veranstaltung fest. Ziel war es. Alle Anwesenden bezüglich der wichtigsten Grundzüge einer blindengerechten Reportage auf einen Stand zu bringen. Dafür sollten alle Teilnehmer anhand von Fernsehbildern eine fünfminütige Spielszene reportieren. Anschließend erörterten wir im Plenum Verbesserungsvorschläge. In einer weiteren Einheit wurden Begrifflichkeiten einheitlich definiert: Was ist ein Pass, was eine Flanke? Wo befindet sich auf dem Spielfeld das Halbfeld? Wie können Entfernungen z. B. von Freistößen anhand der Linien möglichst genau abgeschätzt werden? Die Gäste Reiner Calmund, Christoph Daum sowie Ex-Bundesliga- und Nationalspieler Jens Nowotny unterstrichen in ihren Wortbeiträgen die Wichtigkeit des Engagements der Reporter. Thomas Schneider, der für Fan-Angelegenheiten zuständige Mitarbeiter der DFL zeigte sich sehr beeindruckt vom Fachwissen und persönlichen Einsatz der ehrenamtlichen Teilnehmer und stellte die Aufnahme des Reporterseminars in den offiziellen Veranstaltungskatalog der DFL in Aussicht.

Wir waren der Ansicht, dass es auch zur Europameisterschaft 2008 in Österreich und der Schweiz Spezialplätze für Blinde und Sehbehinderte geben sollte. Die beiden Organisationskomitees sahen dies genauso, bestanden aber darauf, ausschließlich mit nationalen Selbsthilfeorganisationen zusammenzuarbeiten. Deshalb traten wir mit dem Schweizer Blindenverband und dem österreichischen Pendent der BBAG „Football 4 all" in einen regen Informationsaustausch, um unsere Erfahrungen wenigstens indirekt einbringen zu können. Wir wiesen immer wieder darauf hin, dass rechtzeitig vor dem Turnier mit der Einarbeitung der Reporter begonnen werden muss, aber es passierte nichts.

Anfang des Jahres 2008 trafen wir uns erstmals zu einem ausführlichen Gespräch mit Thomas Schneider von der DFL, den wir ja bislang nur im Rahmen des Reporterseminars kennengelernt hatten. Er bestätigte uns nochmals die Ankündigung von Herrn Hieronymus, dass die DFL in Zukunft zu blindenspezifischen Fragen mit uns zusammenarbeiten wolle. Außerdem wurden einige Ideen zur Verbesserung der Position der Blindenreporter ihren Vereinen gegenüber, sowie zur Rolle der Behindertenfanbeauftragten, die als Ansprechpartner für alle Behinderten bei den Vereinen installiert werden sollten, zusammengetragen.

Erst drei Monate vor dem Start der EM kamen Vertreter des Schweizer Blindenverbandes zu einem Spielbesuch nach Köln, um sich ein Bild über die Arbeit des Reporters zu machen. Sie waren sehr überrascht darüber, was dieser zu leisten imstande sein sollte. Sechs Wochen vor dem Turnier wurde dann der Wunsch nach einer Reporterschulung an uns herangetragen. Leider war dies zu diesem späten Zeitpunkt nicht mehr adäquat möglich, und wir schlugen deshalb vor, in jedem Stadion in Österreich und der Schweiz jeweils einen ungeübten Einheimischen und einen erfahrenen deutschen Reporter sprechen zu lassen. Dieser Vorschlag wurde angenommen. Organisatorisch war dies zu diesem Zeitpunkt nur noch realisierbar, weil wir bereits lange Zeit vorher bei den besten Reportern vorgefühlt hatten, ob sie während der EM eventuell zur Verfügung stehen könnten. Bezüglich der Technik entschied man sich für eine Übertragung über eine UKW-Radiofrequenz, die mittels kleiner Radioempfänger im Stadion empfangen werden konnte. Eine solche Lösung ist in Deutschland aus rechtlichen Gründen nicht durchführbar.

Unerwartet durften wir im April dann noch einige blinde deutsche Fußballfans glücklich machen. „Football 4 all" bot uns an, für jedes der drei Vorrundenspiele der deutschen Nationalmannschaft fünf Ticketpaare in Deutschland an Interessierte abzugeben. Nach kurzem Zögern – wir befürchteten, dass man uns Parteilichkeit bei der Verteilung der Tickets vorwerfen würde – stimmten wir zu. Wir streuten die Information, dass man sich bei uns um Eintrittskarten bewerben könne, wie bei der WM 2006, und wir sammelten die Daten der Interessenten. Die Verlosung der Tickets überließen wir dann wegen der Neutralität dem Geschäftsführer des Instituts für Rehabilitation und Integration Sehgeschädigter (IRIS).

31.

Auch in den vergangenen Jahren hatten wir für jede Ausgabe von „Blickpunkt Fußball" ein Interview mit einer Persönlichkeit aus dem Fußball geführt; allerdings ereignete sich dabei nichts Erwähnenswertes. Dies änderte sich, als wir kurz nach der WM Jürgen Klopp, damals noch Trainer bei Mainz 05, trafen. Im Anschluss an das Interview sprachen wir über seine Taktikanalysen, die er während der Weltmeisterschaft im Fernsehen zum Besten gegeben hatte. Wir erklärten ihm, dass seine Verbalisierung der optisch dargestellten Szenen für Blinde nicht nachvollziehbar gewesen sei. Er wollte wissen, wie dies zu verbessern wäre und schlug hierfür eine Diskussionsrunde mit mehreren blinden Fußballinteressierten vor, um nach Lösungen zu suchen. Da wir noch keinen Gastgeber für das anstehende Fanclubtreffen hatten, griffen wir die Gelegenheit beim Schopf und unterbreiteten ihm den Vorschlag, das Thema im Rahmen der Veranstaltung zu erörtern. Herr Klopp versprach, sich beim Verein für die Unterstützung bei der Durchführung des Treffens einzusetzen.

Schon seit längerer Zeit beschäftigten wir uns mit dem Für und Wider einer Eintragung des Fanclubs Sehhunde in das Vereinsregister und der Beantragung der Gemeinnützigkeit. Bislang waren wir ein Verein nach den Regeln des BGB (Bürgerliches Gesetzbuch). Das bedeutete, dass wir keinem Dritten gegenüber Rechenschaft ablegen mussten, was in unserer Satzung stand und was wir mit unserem Geld machten. Dies erlaubte uns eine große Flexibilität,

z. B. bei der Ansetzung von Mitgliederversammlungen, die wir aufgrund der Überregionalität des Vereins immer nur im Rahmen der Wochenendveranstaltungen durchführen konnten. Da wir keinerlei steuerliche Vorteile in Anspruch nahmen, konnten wir im Verein auch intern entscheiden, wofür wir unsere Gelder ausgeben wollten. Andererseits konnten wir aber auch keine Spenden einwerben, da wir keine Bescheinigungen zur steuerlichen Absetzbarkeit ausstellen durften. Nicht zuletzt um dem Fanclub als eingetragenem Verein einen offizielleren Status bei der zunehmenden Zusammenarbeit mit Institutionen wie der DFL zu geben, entschieden wir uns zu diesem Schritt. Wir erhofften uns zusätzlich eine bessere Finanzierbarkeit der sich verändernden Vereinsarbeit. Ein Vereinsrechtler erstellte uns anhand unserer bestehenden Satzung einen Entwurf, der sowohl vereins- als auch steuerrechtlich die Anforderungen an einen gemeinnützigen und mildtätigen Verein erfüllte. Es wurde z. B. festgeschrieben, dass nur Blinde und Sehbehinderte als Mitglieder aufgenommen werden können. Eine Ausnahme bilden lediglich Persönlichkeiten aus dem Bereich des Fußballs, die sich in besonderer Weise um den Fanclub verdient gemacht haben. Als eines der Vereinsziele wurde die Integration blinder und sehbehinderter Fußballfans in die Gesellschaft im Allgemeinen und in die Gemeinschaft der Fußballfans im Besonderen fixiert. Die Gründungsversammlung sollte im Rahmen des nächsten Fanclub-Treffens stattfinden.

Am 11. Januar 2007 verstarb mit Kurt Vossen überraschend einer der wichtigsten Fürsprecher und Berater des Fanclubs

Sehhunde. Von ihm war 1999 die Idee der Einrichtung der Blindenplätze ausgegangen, und speziell in der Anfangsphase hat er immer wieder die Verantwortlichen anderer Vereine auf die Wichtigkeit eines solchen Angebots aufmerksam gemacht. In der Folgezeit hatten wir uns häufig mit ihm getroffen, um konzeptionelle Dinge zu besprechen oder Schriftstücke zu erörtern. Sein Tod bedeutete für uns auch persönlich einen großen Verlust.

Glücklicherweise war Christoph Daum seit November 2006 als Trainer beim 1. FC Köln tätig. Er hatte uns in der Vergangenheit auch aus Istanbul nach Kräften unterstützt, und wir hofften, dass er die von Herrn Vossen hinterlassene Lücke schließen könnte. Um über die veränderte Situation zu sprechen, vereinbarten wir einen Termin für freitagabends 18:00 Uhr in Köln. Da für Donnerstagabend und Freitag eine Unwetterwarnung aufgrund eines aufziehenden Orkans herausgegeben wurde, entschlossen wir uns kurzfristig, bereits am Donnerstagnachmittag zu starten, um vor dem Sturm in Köln anzukommen. Wir schafften es aber nur noch bis Bremen. Ab dort wurde der gesamte Zugverkehr eingestellt. Wir reagierten vor den meisten anderen Reisenden, stornierten unser Hotelzimmer in Köln und bekamen so in Bremen noch eines, bevor alles ausgebucht war und wir hätten auf dem Bahnhof übernachten müssen. Am nächsten Morgen war der Zugverkehr teilweise wieder aufgenommen. Es wäre sicherlich vernünftig gewesen, nach Hamburg zurückzufahren, wir wollten aber unbedingt nach Köln. Von Bremen aus ging der einzige Zug mit südlicher Richtung nach Hannover. Dort erreichten wir nach vielem Hin und Her einen Zug nach Herford, von wo aus es nach Bielefeld weiterging. Wir kämpften uns durch uns unbekannte, überfüllte Bahnhöfe über Soest weiter nach Verl durch, wo dann endgültig Endstation war. Wir hatten aber Glück und trafen eine Frau, die von ihrem Freund aus Dortmund abgeholt wurde. Die beiden jungen Leute brachten uns freundlicherweise zum Bahnhof nach Dortmund. Dort bekamen wir einen Zug, der über Düsseldorf und Mönchengladbach nach Köln geleitet wurde. Diese Odyssee endete am Freitagabend um 20:30 Uhr in Köln am Bahnhof.

Für die Rückrunde war das nächste Fanclub-Treffen geplant, für das wir mit Mainz 05 einen Gastgeber und mit Jürgen Klopp bereits einen potenziellen Gast gewinnen konnten. Aufgrund der zu geringen Zuschauerkapazität des Mainzer Stadions konnten wir dort allerdings nicht unser obligatorisches Spiel besuchen. Wir baten daher bei Eintracht Frankfurt im Stadion um „Asyl", was uns freundlicherweise auch gewährt wurde. Nun gestaltete sich die Terminsuche als ungewöhnlich schwierig. Für den Programmpunkt mit Jürgen Klopp bezüglich der Taktikerklärungen benötigten wir viel Zeit. Diese konnte im laufenden Spielbetrieb nur sonntags im Anschluss an das Training nach einem Spiel am Samstag zur Verfügung stehen, was wiederum zur Folge hatte, dass die Veranstaltung nicht wie üblich am Sonntagnachmittag, sondern erst am Montag enden konnte. Es kam also nur ein Wochenende in Frage, an dem Mainz samstags spielte und Eintracht Frankfurt gleichzeitig ein Heimspiel hatte. Der perfekte Termin war daher Anfang Februar 2007 das Spiel zwischen Eintracht Frankfurt und Mainz 05. Wir waren der

Eintracht sehr dankbar, dass sie uns ausgerechnet für dieses Derby Tickets zur Verfügung stellte.

Für den Termin mit Jürgen Klopp organisierte uns der Verein mehrere Taktiktafeln, magnetische Platten mit aufgemalten Spielfeldern, auf denen man mit Hilfe von unterschiedlichen Magneten als Spieler verschiedene Spielszenen nachstellen kann. So konnten wir mit Unterstützung unserer Begleitpersonen die Situationen nachbauen und somit die Erklärungen von Herrn Klopp taktil erfassen. Jürgen Klopp nahm sich hierfür am Sonntagmittag mehrere Stunden Zeit, was durchaus nicht selbstverständlich ist.

Am Abend fand dann die Gründungsversammlung des „Fanclubs Sehhunde, Fußball-Fanclub für Blinde und Sehbehinderte e. V." statt. Zu unserer großen Freude war auch Christoph Daum anwesend, der sich nach dem sonntäglichen Heimspiel des 1. FC Köln auf den Weg nach Mainz gemacht hatte.

32.

„Dann gibt es jetzt in dieser Spielunterbrechung auch den ersten Wechsel von Bayer 04, den wir uns im Prinzip gewünscht haben: Andre Schürrle kommt für Daniel Schwaab. Was soll auch Robin Dutt anderes machen. Wir müssen jetzt was riskieren. Ich vermute, dass Castro vielleicht ein bisschen defensiver spielen wird und vorne soll Andre Schürrle die Wende einleiten."

Beim ersten Reporterseminar war deutlich geworden, dass es viel schwieriger ist, eine Spielszene anhand von Fernsehbildern zu schildern als live im Stadion. Die Kamera zeigt nur einen Ausschnitt des Spielfeldes, und oft fehlt durch das Einspielen von Zeitlupen völlig der Blick auf den Rasen. Gemeinsam mit Herrn Trede erarbeiteten wir im Rahmen der Nachlese der letztjährigen Veranstaltung einen neuen didaktischen Ansatz. Es schien uns praktikabler, wenn möglichst viele Teilnehmer Aufzeichnungen ihrer Reportagen als Diskussionsgrundlage mitbrächten. Anhand dieser Beispiele könnten dann Kritiken und Verbesserungsvorschläge vorgebracht werden. Außerdem war deutlich geworden, dass die Teilnehmer einen großen Bedarf an Erfahrungsaustausch haben. Wir nahmen diese Vorschläge mit zu unserem nächsten Gespräch bei der DFL im August 2008. Im Verlauf der Diskussion wurde klar, dass es Herrn Schneider gelungen war, seine Vorgesetzten von der Wichtigkeit der Seminare zur Qualitätssicherung an den Blindenplätzen zu überzeugen und eine Aufnahme in den jährlichen Seminarplan zu erreichen. Damit handelte es sich zukünftig um eine offizielle DFL-Veranstaltung, was für uns zur Folge hatte, dass wir uns zwar inhaltlich einbringen konnten, die DFL aber alleiniger Veranstalter werden würde. Das nächste Seminar wurde auf den Januar 2009 terminiert.

Einige Wochen nach diesem Meeting nahmen wir erstmals an der Tagung der Behindertenfanbeauftragten teil. Alle Vereine der 1. und 2. Bundesliga sind verpflichtet, eine Person für diese Position zu benennen. Ihre Aufgabe ist die Wahrung der Interessen aller behinderten Fans. Da es sich um einen ehrenamtlichen Posten handelte und die Clubs bei behinderten Fans meistens zuerst an Rollstuhlfahrer dachten, benannten sie oft die Vorsitzenden der eigenen Rollstuhlfahrer-Fanclubs zu Behindertenfan-Beauftragten. Dies bedeutete für uns, dass wir viel Aufklärungsarbeit leisten mussten, um die Bedürfnisse blinder und sehbehinderter Fans deutlich zu machen. Es war uns sehr wichtig, an diesen Tagungen teilzunehmen, da sich im persönlichen Gespräch viele Probleme lösen lassen.

Kurze Zeit später fand die erste Sitzung eines von der DFL ins Leben gerufenen Arbeitskreises zur Verbesserung der Aufenthaltsbedingungen für Menschen mit Behinderung in den Stadien statt. Neben Vertretern der DFL, der BBAG und verschiedener Profivereine nahmen wir als Interessenvertreter für die blinden und sehbehinderten Fans teil. Ziel dieser Arbeitsgruppe war die Erstellung eines Leitfadens für die Barrierefreiheit in Stadien, die den Vereinen an die Hand gegeben werden sollte. Im Sinne der Barrierefreiheit gehören zu einem Stadion nicht nur für Rollstuhlfahrer zugängliche Plätze und Sanitäranlagen, sondern auch Untertitel für Gehörlose auf der Anzeigetafel, Plätze mit größerer Beinfreiheit für Gehbehinderte, kontrastreiche und große Beschriftungen für Sehbehinderte und Plätze mit Spielreportage. Es wird aber noch lange dauern, bis alle diese Empfehlungen in allen Stadien umgesetzt sind.

Im Verlauf des Reporterseminars wurde deutlich, dass die Situation der einzelnen Reporter in den Stadien sehr unterschiedlich ist. Manche Vereine räumen ihnen als Anerkennung für ihr ehrenamtliches Engagement das Recht ein, im Anschluss an die Spiele im VIP-Bereich zu essen, manche stellen Verzehrgutscheine für die Cateringstände für eine Halbzeitbratwurst zur Verfügung, andere Clubs zollen aber wiederum keinerlei Wertschätzung. Um auch weiterhin für eine Motivation der Reporter zu sorgen, ist hier eine Verbesserung dringend erforderlich.

Im Sommer nahmen wir erstmals an einem Kongress von FSE (Football Supporters Europe), einer europäischen Fan-Organisation teil. Es wurde ein Workshop zum Thema „Situation behinderter Fans" angeboten. Wir sollten dort in einem Vortrag die Verhältnisse bezüglich der Blinden in Deutschland schildern. Da die Veranstaltungssprache Englisch war, trauten wir uns dies aber selber nicht zu. Glücklicherweise befand sich ein ehemaliges Fanclub-Mitglied, der heute in Kanada lebt, gerade auf Familienurlaub in Deutschland. Er erklärte sich bereit, uns zu unterstützen. Es wurde deutlich, dass das Thema Plätze mit Spielreportage in den meisten europäischen Ländern noch völlig unbekannt ist. Lediglich in England, von wo die Idee der Spezialplätze stammt, besteht ein umfangreiches Angebot. Allerdings wird dort ein anderer Ansatz verfolgt. Während wir einen fest definierten Sitzplatzbereich für die Kopfhörerplätze bevorzugen, um einen technischen Support sicherzustellen, wird dort die meist kommerzielle Radioreportage im gesamten Stadion gesendet, da die Meinung vertreten wird, dass nur so ein integrativer Stadionbesuch ermöglicht werden kann. In Belgien und Österreich gab es punktuelle Angebote bei einzelnen Vereinen. Unser Beitrag konnte daher lediglich als Gedankenanstoß betrachtet werden.

33.

Die Trainertätigkeit von Christoph Daum beim 1. FC Köln führte ab November 2006 dazu, dass wir neben Bayer Leverkusen nun einen zweiten Verein im Rheinland hatten, mit dem wir sympathisierten und bei dem wir viele Heimspiele besuchen wollten. Da wir keine Lust hatten, am Spieltag von Hamburg hin und wieder zurückzufahren, benötigten wir häufig ein Hotelzimmer. Dies war aufgrund der vielen Messen in Köln und Düsseldorf oft schwierig oder nur zu hohen Preisen zu bekommen. Wir kamen daher auf die Idee, uns nach einer Möglichkeit umzusehen, ein möbliertes Apartment zu mieten. Köln würden wir aufgrund der geografischen Lage auch gut als Basis für Fahrten zu Auswärtsspielen unserer Vereine nutzen können. Die meisten Erst- und Zweitligastadien sind von dort aus besser zu erreichen als von Hamburg. Die Suche gestaltete sich dann aber sehr schwierig. Das Apartment musste viele Kriterien erfüllen: Es sollte sich in der Nähe einer Bahnstation befinden; Einkaufsmöglichkeiten, zumindest ein Supermarkt sollte zu Fuß gut zu erreichen sein; es mussten zwei Schlafplätze zur Verfügung stehen, was in 1-Zimmer-Wohnungen sehr selten ist. Hinzu kam noch, dass wir möglichst nah beim Trainingsgelände des 1. FC Köln wohnen wollten. Wie bereits erwähnt, hatten wir viele fanclubrelevante Dinge mit Herrn Daum zu besprechen. Da es im laufenden Spielbetrieb für einen Trainer aber schwierig ist, Terminabsprachen zu treffen, würde es vorteilhaft sein, wenn wir an den Wochenenden, an denen wir wegen Spielbesuchen die Wohnung nutzten, zu den Trainingszeiten am

Vereinsgelände waren, um flexibel jede freie Minute des Trainers nutzen zu können.

Zur Suche griffen wir auf die einschlägigen Internetportale zurück, fanden dort auch ein geeignetes Angebot, welches aber zum Zeitpunkt unserer Nachfrage schon vergriffen war. Wir hatten aber Glück: Der Vermieter hatte im gleichen Haus eine weitere Wohnung, die er uns vermieten wollte. Da wir uns schnell entscheiden mussten, blieb keine Zeit, die Gegebenheiten vor Ort in Augenschein zu nehmen. Wir baten einen Bekannten, sich die Wohnung anzusehen und verließen uns auf sein Urteil. Als wir unser neues Domizil zum ersten Mal in Augenschein nehmen wollten, trafen wir uns mit unserem Bekannten an der nächstgelegenen Straßenbahnhaltestelle, und er zeigte uns den Weg. Beim Betreten des Apartments merkten wir sofort, dass die Entscheidung richtig gewesen war. Einen Teil der fehlenden Haushaltsgegenstände besorgten wir direkt im Anschluss, weil wir das Vorhandensein einer Begleitperson mit Auto nutzen mussten. Etwas Hausrat sollte auch noch von Hamburg nach Köln. Für die Mitnahme in der Bahn war es zu viel, für einen Transport mit einem Umzugsunternehmen aber viel zu wenig. Per Post oder Paketdienst konnten wir die Sachen auch nicht schicken, weil wir an Wochenenden die Pakete nicht hätten in der Filiale abholen können. Da kam uns der Bundesligaspielplan zur Hilfe. Der 1. FC Köln spielte beim FC St. Pauli, und wir fragten Christoph Daum, ob er nicht unsere zwei Kartons im Mannschaftsbus mit nach Köln nehmen könnte. Er hatte nichts dagegen einzuwenden, und so brachten wir unseren

Umzug per Taxi ins Mannschaftshotel. Der Fahrer wirkte etwas irritiert, als wir mit zwei zugegebenermaßen unansehnlichen Pappkartons zu einem First-Class-Hotel fuhren und ihm auch noch erzählten, dass der 1. FC Köln diese mitnehmen werde. Wahrscheinlich glaubte er uns die Geschichte erst, als ein Vereinsvertreter zum Wagen kam und die Kartons übernahm. Eine Woche später fand sich dann auch ein hilfsbereiter Mannschaftsbetreuer, der uns unsere Kisten zur Wohnung fuhr.

Im Oktober 2007 wurde dem Fanclub eine besondere Auszeichnung zuteil. Dietmar Noll, einer der Nürnberger Reporter hatte sich mit einem Rundfunkbeitrag über blinde Fans bei der WM um einen Preis im Rahmen des CNN Journalist Award beworben. Dadurch wurde die Jury auf unser Projekt aufmerksam und der Club erhielt außerhalb der vorgegebenen Kategorien einen Geldpreis. Herr Noll gewann mit seinem Beitrag in der Kategorie „Audio" leider nicht, erhielt aber dennoch eine Ehrung.

Im Verlauf der Saison stellte sich heraus, dass die Entscheidung, ein Apartment fußläufig zum Trainingsgelände des 1. FC Köln zu nehmen, richtig gewesen war. Wir gingen den schönen Weg durch den Wald mehrmals pro Monat. Eine unerwartete Schwierigkeit ergab sich, als ich am Ostersonntag einmal mehr zu einem Gespräch mit Christoph Daum dorthin gehen wollte. Überraschend hatte es frühmorgens angefangen zu schneien. Während meines gut halbstündigen Fußweges fiel dann so viel Schnee, dass ich große Probleme hatte, den Weg zu finden. Eine Schneedecke sorgt dafür, dass es nicht mehr möglich ist, mit dem Langstock zu ertasten, wo sich der Fußweg befindet oder wo die Straße beginnt. In Grünanlagen lässt sich ein Weg nicht mehr von einer Wiese oder einem Beet unterscheiden. Die Orientierung anhand von unterschiedlichem Untergrund ist bei nur wenigen Zentimetern Schnee nicht mehr möglich. Nur durch Einsatz meines Sehrests kam ich heil beim Verein an.

Für das anstehende Fanclubtreffen bot sich Köln als Veranstaltungsort an. Wir wollten die Möglichkeit nutzen, Christoph Daum als Vereinsmitglied die Chance zu geben, sich direkt und für die Mitglieder spürbar, in die Vereinsarbeit einzubringen. Im Anschluss an eine Diskussionsrunde mit einem Boulevardjournalisten am Samstagvormittag hielt er einen Vortrag zum Thema Motivation. Zum Stadionbesuch gingen wir auch in diesem Jahr „fremd". Der VfL Bochum hatte kurz zuvor Plätze mit Spielreportage eingeführt, und wir nutzten die Gelegenheit, den Fanclub-Mitgliedern ein neues Blindenprojekt zu zeigen. Auf unserer Busfahrt nach Bochum kamen wir in einen Stau, und nur durch die große Hilfsbereitschaft der Polizei und des Ordnungsdienstes, die uns bis direkt hinter die Tribüne fahren und durch einen Nebeneingang ins Stadion ließen, schafften wir es noch rechtzeitig zum Anpfiff. Nach der Rückkehr erwarteten uns Christoph Daum und sein Co-Trainer Roland Koch am Vereinsgelände zu einer Sporteinheit. In einer Sporthalle absolvierten wir Übungen aus dem Aufwärmprogramm der Profis, u. a. einen Zirkeltrainingparcour. Die meisten Teilnehmer verausgabten sich so, dass sie nach dem anschließenden Abendessen direkt auf ihre Zimmer verschwanden. Am Sonntag stand uns mit Walter Eschweiler eine Schiedsrichterlegende Rede und Antwort. Den Abschluss einer sehr abwechslungsreichen Veranstaltung bildete eine Führung durch das Kölner Stadion.

34

„Castro mit einem langen Ball auf Derdiyok. Derdiyok setzt sich durch, Ball kommt auf die linke Seite. Da ist Sam, flankt rein, Derdiyok – Tooooooor!!! Derdiyok – ich glaub es nicht, gerade eingewechselt, keine zwei Minuten auf dem Platz und da ist sie doch die Wende oder? 73. Minute, 1:1 für die Werkself."

Hier in der BayArena sitzen die Reporter direkt neben den Nutzern, so dass sie regelmäßig Kontakt zu Blinden und Sehbehinderten haben. In einigen anderen Stadien besteht keine direkte Kommunikation zwischen den Sprechern und den Zuhörern, weil sich die Reporterplätze auf der Pressetribüne befinden. Trotzdem ist es für alle Reporter wichtig, sich wenigstens ein wenig in die Situation der Nutzer hineinversetzen zu können. Deshalb planten wir für das Reporterseminar im November 2009 zwei Sensibilisierungseinheiten. Während der einen Einheit, die von unserem langjährigen Mitglied Giuseppina Dolle konzipiert wurde, ging es um den Einsatz der Sinne unter einer Augenbinde. Die Teilnehmer sollten verschiedene Säfte am Geschmack und unterschiedliche Proben am Geruch erkennen. Des Weiteren konnten sie sich im Gehen mit dem Langstock üben. In einer zweiten, von zwei Teilnehmern in einer Turnhalle aufgebauten Übungseinheit, mussten die Reporter in Zweierteams mit verbundenen Augen einen Parkour aus Turngeräten überwinden. Natürlich wurde während des Seminars auch wieder über das Kernthema gesprochen. Da viele neue Teilnehmer dabei waren und nie genug geübt und diskutiert werden kann, ähnelten die Inhalte denen der letzten Veranstaltung.

Im Sommer 2010 fand die Weltmeisterschaft in Südafrika statt. Wir entschieden uns, bezüglich der Einrichtung von Plätzen mit Spielreportage nicht auf das Organisationskomitee einzuwirken. Unserer Meinung nach gab es in diesem Land im Vorfeld so viele gravierende Organisationsprobleme, dass an eine rechtzeitige Einarbeitung von Reportern nicht zu denken sei. Die FIFA war jedoch anderer Meinung und wandte sich an den Schweizer Blindenverband, der dann eine eintägige Einweisung von südafrikanischen Reportern durchführte. Leider erreichte uns im Nachhinein keine Rückmeldung bezüglich der Qualität der Reportage und der Auslastung. Außerdem fragen wir uns, ob die Übertragungslautstärke ausreichte, um gegen den Vuvuzela-Lärm anzukommen.

In die Planung für die Frauen-Weltmeisterschaft 2011 wurden wir im August 2010 einbezogen. Es blieb uns dieses Mal erspart, dass Organisationskomitee von der Notwendigkeit von Sitzplätzen mit Spielreportage überzeugen zu müssen. Einige Personen, mit denen wir schon 2006 zusammengearbeitet hatten, waren auch jetzt wieder dabei, und es war von Anfang an klar, dass es Spezialplätze geben würde. Wir verständigten uns auf die gleiche Vorgehensweise wie 2006: In den Stadien mit bestehenden Blindenprojekten würden die Stammreporter eingesetzt; in Augsburg und Dresden, wo es noch kein Angebot gab, wurde aus Nürnberg ausgeholfen;

die Ticketbestellungen sollten erneut über eine telefonische Hotline erfolgen.

Im Februar begann die konkrete Vorbereitung. Leider hatten unsere Ansprechpartner im OK in Frankfurt keine Erfahrungen aus 2006 und die Zusammenstellung der Daten der vorgesehenen Reporter stellte sich als zähe Angelegenheit heraus. Teilweise hatten die Mitarbeiter in den Regionalbüros von den Vereinen falsche oder veraltete Reporternamen erhalten, und es kostete viel Mühe, Ordnung in dieses Datenchaos zu bringen. Dadurch verzögerte sich die offizielle Information an die Reporter immer weiter, so dass wir viele immer wieder um Geduld bitten mussten, damit sie sich nicht für die Zeit der WM etwas anderes vornahmen. Letztendlich regelte sich aber wieder alles und in allen Stadien waren erfahrene Reporter vor Ort.

Bereits während des Vorverkaufs zeigte sich, dass die Frauen-WM bei den Blinden und Sehbehinderten nicht an allen Spielorten für Interesse sorgte. Während die Spiele der deutschen Nationalmannschaft und einige Stadien bei allen Spielen ausverkauft waren, gab es in anderen Städten überhaupt keine Nachfrage. Auffällig war, dass es sich fast ausnahmslos um Besucher handelte, die sonst nicht in die Stadien gingen.

Im Sommer diesen Jahres sahen wir uns mit einer ganz neuen Aufgabe konfrontiert: Einige Monate zuvor hatten wir drei Studenten von der Deutschen Sporthochschule in

Köln einige Fragen für ihre Hausarbeit zum Thema Blindenreportage beantwortet. Der Professor war von der Hausarbeit so begeistert, dass er dem Vorschlag der Studenten, ein Seminar für neue Blindenreporter anzubieten, zustimmte. Eine Gruppe von acht Teilnehmern lernte zunächst von Burkhard Hupe (Sportjournalist des WDR) die Grundlagen einer kommerziellen Rundfunkreportage und dann von Björn Naß, einem unserer besten Blindenreporter die Besonderheiten einer Blindenreportage. Zum Abschluss des Seminars mussten die Studenten dann anhand von Fernsehbildern eine Sequenz blindengerecht reportieren. Björn Naß und wir beurteilten im Anschluss die Ergebnisse. Dies war für uns eine neue Erfahrung. Zwar gaben wir immer wieder Reportern in den Stadien auf Wunsch Rückmeldungen zu ihren Leistungen, jedoch waren dies nie acht hintereinander. Als Vorteil erwies sich die Zusammenarbeit mit Björn. Alleine können wir nicht erkennen, wenn ein Reporter etwas offensichtlich Falsches beschreibt, weil wir keine Kontrollmöglichkeit haben. Zusammen mit einem Sehenden fallen jedoch solche Fehler, wie Nennung eines falschen Spielernamens oder ungenaue räumliche Einordnung, z. B. eines Freistoßes, auf.

Im September 2011 wurden wir zu einem Kongress von CAFE (Centre for Access to Football in Europe), dem europäischen Pendent der BBAG (Bundesbehindertenfanarbeitsgemeinschaft) nach London eingeladen. Da wir unsere Englischkenntnisse für eine Reise in eine uns unbekannte Stadt und für die Teilnahme an diesem Kongress für nicht ausreichend hielten, baten wir Andre Mannheim, einen unserer langjährigen Stadionbegleiter, darum, uns zu begleiten. Der Kongress fand in Räumlichkeiten des neuen Wembley-Stadions statt, wo wir im Verlauf der Tagung während einer kurzen Führung die Möglichkeit hatten, dieses beeindruckende Stadion vom Innenraum aus zu betrachten. Inhaltlich brachte die Veranstaltung die Erkenntnis, dass es aufgrund der unterschiedlichen rechtlichen und infrastrukturellen Voraussetzungen in Europa noch ein weiter Weg zu einer einheitlichen Regelung für Menschen mit Behinderung sein wird. Für unsere Arbeit von Bedeutung war die Kontaktaufnahme zu Mitarbeitern des Audiodeskriptionsteams aus Österreich, die auch für Fußballspiele zuständig sind. Wir vereinbarten einen Besuch in Wien zum Erfahrungsaustausch.

35.

Die Saison 2007/2008 endete für uns mit einem Grund zum Feiern. Am vorletzten Spieltag waren wir im Stadion dabei, als der 1. FC Köln durch einen 2:0-Sieg gegen Mainz 05 in die 1. Bundesliga aufstieg. Nach dem Schlusspfiff ließen wir alle Regeln außer Acht und kletterten, wie mehrere tausend andere friedliche Fans, über die Werbebande auf das Spielfeld, um dort den Erfolg zu feiern. Dieses Verhalten ist zwar offiziell verboten, wird aber seit Jahrzehnten in den allermeisten Fällen ohne Ausschreitungen praktiziert.

Am letzten Spieltag wollten wir eigentlich nach Kaiserslautern fahren – es hätte ja sein können, dass es dort erst um den Aufstieg geht – entschieden uns aber dafür, in Köln im Stadion das Spiel auf Großbildleinwand zu verfolgen, da dort sicherlich bessere Stimmung herrschen würde. So hatten wir bereits Eintrittskarten für zwei parallel laufende Veranstaltungen gekauft, als uns der Mannschaftsbetreuer des FC zu unserer großen Freude VIP-Tickets mit einer Zutrittsberechtigung für die vereinsinterne Aufstiegsfeier im Anschluss an die Rückkehr der Mannschaft im Stadion anbot. Wir entschieden uns natürlich für das Geschenk und konnten so direkt mit Spielern und Offiziellen feiern. Dies war für uns ein ganz besonderes Erlebnis, waren wir doch während der Saison bei den meisten Spielen dabei gewesen.

Im April 2009 führten wir unser letztes Interview mit einer Persönlichkeit aus dem Fußball. Es war in der Vergangenheit aufgrund des immer größeren Medienaufkommens nicht mehr möglich gewesen, über die Pressestellen Interviewtermine zu bekommen. Uns wurde häufig angeboten, die Fragen schriftlich einzureichen. Dann hätten die Antworten hinterher aufgelesen werden müssen. Dadurch geht aber die Authentizität der Gesprächspartner verloren. Wir verzichteten auf diese Möglichkeit und hielten uns an die Vereine, bei denen wir die Pressesprecher oder eine andere einflussreiche Person kannten. Aber auch die Optionen waren irgendwann ausgeschöpft. Die letzte Chance bot sich in Wolfsburg, wo mit Herrn Dittrich jemand arbeitete, den wir schon seit vielen Jahren als Pressesprecher kannten. Er vermittelte uns einen Termin mit Felix Magath zu einem Zeitpunkt, zu dem uns wohl jeder andere für verrückt erklärt hätte: Der VfL stand kurz vor dem Gewinn der Meisterschaft und überall wurde diskutiert, ob Herr Magath Trainer bleiben würde oder nicht. Mit diesem Glücksfall gaben wir unsere Bemühungen auf, Interviewtermine zu bekommen.

Im Oktober jährte sich zum zehnten Mal die Eröffnung der ersten Spezialplätze mit Spielreportage. Ein guter Grund, die Jubiläumsfeier in Leverkusen mit unserem jährlichen Fanclub-Treffen zu verbinden. Es wurde ein Treffen der kurzen Wege. Wir wohnten in einem direkt an die BayArena angebauten Hotel. Der Verein stellte uns als Tagungsraum und am Spieltag eine Loge zur Verfügung. Da wir während des Spiels die zur Loge gehörenden Plätze nutzen können sollten, wurden dort extra Kabel und Anschlussbuchsen für die Kopfhörer verlegt. Im Stadion wurde zehn Jahre lang die Blindenreportage nicht per Funk übertragen – dann sollte es beim Jubiläum auch so sein. Wir freuten uns sehr, dass zu einer kleinen Feier nach dem Spiel Rudi Völler als Vertreter von Bayer Leverkusen, Marco Rühmann als Vertreter der DFL und Hans Florin als großer Unterstützer für die WM 2006 anwesend waren.

Eigentlich hätte in dieser Saison wieder eine Reise nach Istanbul angestanden. Christoph Daum war als Trainer zu Fenerbahçe zurückgekehrt. Er riet uns aber davon ab, weil er während der gesamten Spielzeit mit der Situation sehr unzufrieden war und immer auf halb gepackten Koffern saß. Es hätte die Gefahr bestanden, dass wir zum Kisten packen nach Istanbul gefahren wären und das wollten wir alle nicht.

Im Rahmen unseres Jahrestreffens 2010 beim Hamburger SV erfuhren wir viel Wissenswertes über die Pflege der Spielfelder. Der Greenkeeper des HSV erzählte sehr anschaulich von seinen schlaflosen Nächten aus Sorge um den Rasen während Wetterperioden mit viel Regen. Darüber hinaus erläuterte er die Arbeit mit Rollrasen, berichtete über Rasenpflege und die entstehenden Kosten. Sportlich wurde es dann am nächsten Tag. Wir beschäftigten uns in einem Workshop mit der in Deutschland noch recht neuen Sportart Blindenfußball. Es handelt sich um ein Spiel zweier aus fünf Blinden und einem sehenden Torwart gebildeten Mannschaften mit einem akustisch wahrnehmbaren Spezialball auf einem an den beiden Längsseiten durch Banden abgegrenzten Spielfeld. Herr und Frau Löffler, die eine Blindenfußballmannschaft beim FC St. Pauli ins Leben gerufen hatten, brachten uns die Grundzüge des Spiels bei. Bei einer Stadionführung mit anschließendem Besuch des HSV-Museums hatten alle Teilnehmer nach mehr als 15 Jahren endlich einmal wieder die Möglichkeit, eine Kopie der Meisterschale anzufassen und sich damit fotografieren zu lassen.

Über die Ereignisse bis zur folgenden Veranstaltung im November 2011 haben wir im vorherigen Kapitel bereits berichtet. Wir trafen uns zu unserer nun schon 19. Zusammenkunft bei Eintracht Frankfurt. Heribert Bruchhagen, Vorstandsvorsitzender des Vereins, der uns schon in verschiedensten Kontexten geholfen hatte, vermittelte uns die Kontakte zu den maßgeblichen Personen, so dass ein abwechslungsreiches Wochenende entstand: Herr Holschier von der Flughafenbetreibergesellschaft Fraport hielt einen Vortrag über Sponsoring, Marcel Daum berichtete über seine Arbeit im Trainerteam, wo er für die technische Aufbereitung der Spielanalysen zuständig ist und der ehemalige Profi Norbert Nachtweih erzählte von seiner Zeit in der DDR und seiner Flucht. Bei einem Termin im Eintracht-Museum hatten wir die Gelegenheit, alte Ausrüstungsgegenstände wie Schuhe und Bälle zu ertasten.

Wenige Tage nach diesem harmonischen Wochenende zog es uns in die BayArena zum Champions-League-Spiel Bayer 04 Leverkusen gegen den FC Chelsea.

„Die reguläre Spielzeit ist abgelaufen, aber noch einmal kommt Derdiyok auf dem linken Flügel gegen Alex mit der Flanke in die Mitte, ein bisschen weit für Castro, aber der ist jetzt auf dem rechten Flügel, könnte seinerseits noch mal flanken gegen Bosingwa, tut das auch, Castro abgeblockt. Es gibt noch einmal Ecke für Bayer 04. Castro steht bei der Ecke, läuft jetzt rein, weggezogen vom Tor an den zweiten Pfosten – Kopfball – Tooooooooooor!!!!!! Manuel Friedrich und Leverkusen führt mit 2:1 gegen Chelsea, und das in der Nachspielzeit. Ich fass es nicht! Chelsea kommt noch mal. Chelsea versucht nach vorne zu spielen, aber Leverkusen sichert den Ball mit Ballack. Und dann wird Andre Schürrle noch einmal geschickt, aber Chelsea ist dazwischen mit Bosingwa. Plötzlich haben es die eilig. Bosingwa aus der eigenen Hälfte heraus links rüber. Da sind sie noch mal unterwegs mit Sturridge Mitte der gegnerischen Hälfte, bringt den Ball in die Mitte. Aber der ist viel zu hoch, den müsste Leno haben. Jawohl!!! Die Nachspielzeit ist doch abgelaufen, da muss es vorbei sein. Jetzt pfeif ab Kassai. Der Ball kommt weit nach vorne und da ist der Schlusspfiff!!!!!"

Nachwort

Das Glück der Menschen liegt im Tätig sein für lohnenswerte Ziele. Darum betrachte ich es als Glücksmoment in meinem Leben, Regina und Nina getroffen und kennengelernt zu haben. Gemeinsam mit den Sehhunden kümmern wir uns seit über 20 Jahren um die speziellen Bedürfnisse blinder und sehbehinderter Fußballfans. Was sich aus einer Interviewanfrage im Jahre 1990 alles entwickeln würde, konnte ich nicht erahnen. Heute kann ich sagen, dass die Erfahrungen mit Blinden das Leben meiner Familie und mein eigenes bereichert haben. Egal, ob ein Besuch der Ausstellung „Dialog im Dunkeln", das Ertasten der Brailleschrift, gemeinsame sportliche Aktivitäten mit Blinden oder unzählige Diskussionen in kleiner oder größerer Runde mit den blinden Fußballfans über deren Wünsche und Nöte, alle diese Kenntnisse haben mir die Augen für eine neue, andere Welt geöffnet. Regina und Nina nehmen den Leser mit auf eine spannende Reise, die durch viele persönliche Begegnungen mit Prominenten aus der nationalen und internationalen Fußballszene interessante und informative Einblicke in die Erlebnis- und Erfahrungswelt der blinden Mitmenschen gewähren. Beeindruckend schildern sie unvergessliche Fußballerlebnisse, die ein Sehender nicht für möglich halten würde. Wie schwierig es ist, ohne Augenlicht die Herausforderungen ihres Fußballalltags und des täglichen Lebens zu meistern, wird für den Leser gut nachvollziehbar dargestellt.
Trotz aller Widerstände, die die beiden in ihrem Leben zu überwinden hatten, versprühen sie eine unglaubliche Le-

bensfreude und Energie, die ich auch allen Sehenden wünsche. Das vorliegende Buch eröffnet dem Leser eine völlig neue Perspektive auf das Leben und Wirken unserer blinden und sehbehinderten Fußballfans und das Erleben des Fußballsports durch sie.

Mit Dank und Anerkennung für Regina Hillmann und Nina Schweppe.

Herzlichst

Christoph Daum